Strandgut

Bibliografische Information der Deutschen Nationalbibliothek:

Die Deutsche Nationalbibliothek verzeichnet diese Publikation in der Deutschen Nationalbibliografie; detaillierte bibliografische Daten sind im Internet über http://dnb.dnb.de abrufbar

Impressum:

Autorin:

©2017 by Gaby Bessen
Covergestaltung und Buchlayout: Karl Miziolek

http://annalenaslesestuebchen.wordpress.com/
http://visitenkartemyblog.wordpress.com/

Herstellung und Verlag:

BoD – Books on Demand, Norderstedt

ISBN : 9783746016818

Gaby Bessen

Strandgut

Was der Tag so anschwemmt

Inhalt Seite

STRANDGUT
Was der Tag so anschwemmt ...

Über dieses Buch

Tagtäglich treffen wir auf Begebenheiten, Begegnungen oder bekommen Eindrücke, die haften bleiben, uns beschäftigen und uns gar nicht mehr loslassen wollen.

Manchmal verfestigen sie sich zu einem Bild im Sinne einer konkreten Vorstellung oder entwickeln sich von ganz alleine weiter, werden zu Gedanken, die sich formieren und oftmals entstehen daraus kurze oder längere Texte.

So ist auch dieses Buch entstanden.

Fotos, die ich leidenschaftlich gerne mache, haben mich zu Gedichten angeregt.

Begegnungen mit anderen Menschen und deren Schicksal haben mich animiert, einen Faden weiterzuspinnen und eine kleine Geschichte entstehen zu lassen.

Wer sich gern in der Natur aufhält und dabei offene Augen und Ohren hat, empfindet auch ihre Schönheit, ihre Macht und Inspiration.

Insgesamt vierundachtzig kurze Texte, Gedichte und Geschichten, sind in diesem Büchlein zu finden, kurzweilig und gut zu lesen, mal für zwischendurch als eine Unterbrechung schwerer Gedankengänge, als geistiges Luftholen oder als eine Anregung, die man mit in die Nacht nehmen und im Traum weiterspinnen könnte.

„Wollen Sie ein Autor sein,

wollen Sie ein Buch schreiben,

dann denken Sie daran,

daß es neu und nützlich

oder zumindest

sehr vergnüglich sein muß!“

Zitat von Voltaire

(1694 - 1778), französischer Philosoph der Aufklärung, Historiker und Schriftsteller

Inwieweit ich auch nur ansatzweise diesen Anspruch Voltaires getroffen habe, können nur Sie, als geneigter Leser entscheiden.

Ihre Hobbyautorin

Gaby Bessen im Oktober 2017

IN DEN TAG GEDACHT...

Gedankenrausch

Ein Gedanke,

geboren,

blinzelt ins Licht,

wird umkreist

von anderen.

Sie purzeln durcheinander,

überrollen sich,

hüpfen übereinander,

toben sich aus.

Wie ein Vogelschwarm

finden sie ihre Bahn,

manch einer tanzt aus der Reihe,

kehrt eifrig zurück.

In der ihr

eigenen Formation

wachsen sie zur Reife.

Morgenkonzert

Als selbst der Wecker schon verschlief,

nach seinen Klingeltönen rief

und wütend in die Gegend plärrte,

was allen an den Nerven zerrte,

sprang prompt der Zeiger auf die Acht,

vorbei war die glückselige Nacht.

Ganz trüb und neblig schien der Tag,

ein Morgen, wie ihn niemand mag,

das Licht schien fern dem Erdenball,

ein tristes Grau – überall.

Die Schlummertaste schnell gedrückt,

noch zehn Minuten Schlaf und Glück.

Frühstückspausengespräche

Obwohl die Sonne sich alle Mühe gab, war es noch frisch und die angekündigten Höchsttemperaturen des Tages ließen noch lange auf sich warten. Der heiße Kaffee wärmte durch und die Sonnenstrahlen kitzelten auf der Nase. Ines hatte die Augen geschlossen und hörte dem Frühstückspausengespräch der beiden anderen Kolleginnen nur mit einem halben Ohr zu.

„Damals hat es in unserem Schlafzimmer immer geknistert", brachte Paula mit einem verschmitzten Grinsen hervor.

„Wieso im Schlafzimmer? Euer Kamin steht doch im Wohnzimmer, oder habe ich da etwas nicht mitbekommen?"

Paula und Regina schauten sich an und prusteten los.

„Ach Ines, träum doch weiter. Wir reden gerade davon, wie erotisch wir uns normalerweise am Abend ins Bett begeben. Ich bin so eine Frostbeule geworden, dass ich jetzt schon mit Socken und Winterpyjama schlafe. Es ist erst Anfang September! Und ich weiß nicht, was ich im Winter machen werde." Paula sah etwas ratlos aus.

„Ich nehme abends das Heizkissen für den Rücken und das aufgewärmte Dinkelkissen, das du mir geschenkt hast, für den Nacken, nicht jeden Abend, aber häufig", ergänzte Regina.

„Darüber hinaus tragen wir beide nachts eine Knirschschiene und Paula meistens noch Ohropax, wenn Freddy schnarcht. Was hast du denn nachts zu bieten, liebe Ines?"

„Eigentlich nichts von dem, was ihr so bietet. Dafür habe ich ein ausgewachsenes Schnarchexemplar neben mir, das mindestens einmal pro Stunde raus muss, obendrein wegen seines Übergewichtes schnauft und gelegentlich Romane erzählt, die mich zu Tode langweilen. Seine Dritten fristen ihr Dasein im Wasserglas, sodass ich auf eine gepflegte nächtliche Konversation mit ihm nachts gern verzichte, denn er nuschelt."

Vorbei sind die Zeiten der jugendlichen nächtlichen Abenteuer im Sommer am See, das hüllenlose Baden in der Dunkelheit, das Singen und Kreisen der Weinflaschen am nächtlichen Lagerfeuer, das Gefühl, die Zweisamkeit spontan, jetzt und hier auszuleben.

Mittlerweile hat sich einfach für die Nacht eine gewissen Kleiderordnung mit Sachzwängen eingeschlichen.

Gut, dass wir mal wieder darüber geredet haben!

Tagträume

Ich träume mich weit fort

an einen unbekannten Ort,

mit blauem Himmel, Sonnenschein,

ein ferner Ort, für mich allein.

Meeresrauschen als Kulisse,

Sonne, die ich hier vermisse,

bunte Blumen, farbenfroh,

ein sanfter Wind weht auch dazu.

Wer von euch kennt diesen Ort?

Ich wäre sicher ganz schnell dort,

das Nötigste nur im Gepäck,

von allem Alltagstrubel weg.

Ein Montag in der großen Stadt

„Du hast ja eine süße Steckdosennase!" Obwohl das kleine schreiende Etwas die Worte der Verkäuferin sicher nicht verstanden hatte, hörte es augenblicklich auf zu schreien und die sichtlich genervte junge Mutter konnte in aller Ruhe ihren Einkauf einpacken.

Frisch gebügelt verschwindet das hellblau gestreifte Hemd unter einer Klarsichtfolie und die junge Büglerin greift sich das nächste Objekt der Begierde. Währenddessen tauscht sie weiter eifrig ihre Erlebnisse mit der deutlich älteren Kollegin an der Nähmaschine aus. Beide können so ungestört weiterarbeiten, solange kein Kunde den Postdienst dieses kleinen Ladens in Anspruch nehmen will.

Ein großer Einkaufswagen nähert sich von links. Auf der unteren Ablage ein leerer Coca-Cola-Kasten, in der Mitte eine große Tüte und oben ein Babykörbchen mit einem fröhlich glucksenden Kleinstkind, das seinem jungen Vater mit dessen Halbglatze und seinem grau durchzogenen Pferdeschwanz irgendetwas für Erwachsene Unverständliches zuruft.

„Unser heutiges Angebot: Deutsche Erdbeeren, die 500-Gramm-Schale für 1,79 € anstatt für 2,59 €. "

Die beiden Verkäuferinnen am Bäckerstand lächeln jeden entgegen kommenden Kunden freundlich an, doch es ist eher Mittagstischzeit und wer hart einkauft, muss auch deftig essen.

Was kommt heute auf den Tisch?

Die vorüberfahrenden Einkaufswagen lassen doch tief in die noch leeren häuslichen Töpfe blicken. Robin Look – der preisgünstige Brillenmarkt hat regen Zulauf. Sommersonderangebote und ohnehin nur einen Euro pro Brillenfassung lässt so manches

14

Schnäppchen zu. Beim Friseur ist tote Hose, die Damen langweilen sich, die Kunden bleiben aus. Wenn ich das Alter der beiden Friseurinnen so bedenke (ich kann natürlich nur vermuten), würde ich sie auch höchstens meine alten Puppen frisieren lassen, aber nicht mich.

In der Apotheke passiert nichts Weltbewegendes. Der Patient sorgt heutzutage selbst für seine Gesundheit und kauft sich seine Mittelchen.

Ich trinke meinen Cappuccino aus, stelle wohlerzogen die Tasse in den dafür vorgesehenen Geschirrschrank ab, nehme meine Tasche und steuere auf den Ausgang zu.

Ein ganz normaler Montag Vormittag in einem Einkaufszentrum in der großen Stadt.

Flieg, Vogel flieg

In meinen Tagträumen

hefte ich mich gern

an deine kräftigen Schwingen

und vertraue mich dir an.

In der Kühle der Nacht

bin ich unter dir geborgen.

Warm und behütet schützt du mich

vor den Schatten der Dunkelheit.

Das Ziel unserer Reise ist ein Ort

mit Raum für jeden,

der noch an das Wunder

des Lebens glaubt.

Die Anziehungskraft der Erde

Der Tag fing schon gegen den Strich gebürstet an.

Mein zuverlässiger Wecker schaffte es um acht Uhr nicht, mich aus dem nächtlichen Koma zu befreien. Immer wieder schlug ich kurz auf ihn ein, um mir weitere fünf Minuten zu retten. Letztendlich kam für mich eine ganze Stunde dabei heraus, aber ohne nennenswerte Erholung, denn der Nacken schmerzte und das Rheuma in den Augen blieb hartnäckig den ganzen Tag lang bei mir.

Voller Panik rechnete ich mir aus, wann ich denn los müsse, um meinen ersten Termin zu schaffen. Ein Blick auf die Uhr – machbar – gerade noch so!

Der Kaffee lief, ich konnte schon mal unter die Dusche gehen.

Ich hatte hinreichend Zeit, meine morgendliche Körperpflege in Ruhe zu betreiben, bis ... es ‚pling' machte und das kleine blaue Kämmchen meiner Augenbrauenschneideschere ins Waschbecken fiel und zielstrebig Richtung Ausguss rutschte.

Während ich diesem unerwarteten Prozedere gespannt zuschaute, ratterte es durch mein Gehirn: ... Brauchst du ...Wo hast du das gekauft ...Rechnung? ... Wo bekommst du das her? ... Solche Fragen sollte man sich nach intensiven Ausmistaktionen nicht stellen, schon gar nicht, wenn das System von ‚Wo finde ich jetzt was?' noch nicht in Fleisch und Blut übergegangen ist.

Nun galt es erst einmal, Ruhe zu bewahren und das kleine Kämmchen vor der großen fremden Kanalisation zu schützen. Zwei meiner Finger passten in den Ausguss und tasteten sich vorsichtig durch die Dunkelheit. Tatsächlich, das Kämmchen lag da. Nur die Ruhe bewahren und keine unüberlegte Handlung begehen. Nicht dass es sich doch noch verschiebt und im Nirwana verschwindet.

Ich ertastete seine Lage, zog meine Finger heraus, ergriff eine Pinzette und wie ein kleiner Angelköder hing das Kämmchen irgendwann endlich zwischen den beiden Greifern der Pinzette.

‚Das wäre geschafft‘, seufzte ich – hörbar.

Mit der Taschenlampe leuchtete ich in den Ausguss. Mich traf fast der Schlag! Als leuchtete mir das Fell einer Ratte entgegen, bot sich mir ein ausgesprochen haariger Anblick. Diverse Utensilien, angefangen von einer Häkelnadel bis hin zum Schraubenzieher, kamen zum Einsatz, bis auch das letzte (selbstverständlich menschliche Kopf-, Bart- oder was-auch-immer-Haar) auf dem Waschbecken lag. Und das bei mir, der Sauberkeitsfanatikerin!

Der Zeiger der Uhr rückte unerbittlich vor und rief mich in die Realität zurück. Da die Alibert-Lampe ihren Geist aufgegeben hatte und der Göttergatte gerade nicht daheim weilte, nahm ich alles, was ich brauchte und verschwand im unteren Bad. Auf dem Weg dahin legte ich mir noch schnell ein Oberteil zum Anziehen auf mein Bett.

Plötzlich schaute ich wie hypnotisiert auf meine kleine Augenbrauenschneideschere. Das kleine blaue Kämmchen war schon wieder weg!!! Ich fasste es nicht, ging die Treppe von unten nach oben, suchte in allen Ecken – es war verschwunden.

Gut, dass mich niemand sah, denn als ich mit der Taschenlampe erneut in den Ausguss leuchtete, um mich zu vergewissern, dass das Teil dort nicht mehr lag, hätten mich vielleicht gewisse „weiße Männer"..., na ja, lassen wir das.

Wieder im unteren Bad angekommen, setzte ich meine Suche fort. So ein kleines blaues Kämmchen war auf weißen Fliesen doch unübersehbar!

Plötzlich durchfuhr es mich wie ein Blitz. Ich ging in die Küche. Einer der Hunde hatte doch nicht etwa ...?!? Nein, beide lagen friedlich nebeneinander im Körbchen und schliefen den Schlaf der Gerechten, die Dackeldame zart und leise, der Mops mit seinem leichten Schnarchton.

Nun war mir langsam egal, ob ich zu meinem Termin noch pünktlich kam. Ich kalkuliere immer ein paar Minuten Zeit mehr ein für Eventualitäten wie diese.

Noch einmal die Treppe rauf und runter, die Ecken mit der Taschenlampe ausgeleuchtet.

Nichts! Gut, dann eben nicht, von solch einem Utensil ließ ich mir den Tag nicht verhageln. Die Erde musste heute wieder eine besondere Anziehungskraft haben.

Nur noch anziehen, in Ruhe einen Kaffee trinken und dann los – dachte ich.

Als ich ins Schlafzimmer kam, um mich mit dem letzten Rest zu bekleiden, was glaubt Ihr, was vor dem Bett auf dem Fußboden lag? Richtig!

Beim Gang nach unten hatte ich den Arm ziemlich voll gehabt. Dabei hat sich das kleine Kämmchen scheinbar wieder gelöst und mir zum zweiten Mal an diesem Tag einen Streich gespielt.

Was für Tage!

Erst Muttertag, dann Vatertag

und selbstverständlich Kindertag.

Zum Omatag ein Opatag,

auch Enkel wollen einen Tag.

Für Onkel, Tante, Katze, Hund,

gestalte diese Tage bunt!

Vom Frauentag und Lehrertag

bis zum Weltnichtrauchertag,

Veganer und auch Veteranen

wollen ihren Spaßtag haben.

St. Martin und St. Nikolaus

lassen wir bewusst nicht aus.

Ein Kusstag, Lachtag, Einheitsfrei,

der Faschingstag ist auch dabei,

der Hochzeitstag, sofern gelungen,

wird noch am Scheidungstag besungen.

Ach, liebe Tage, welch ein Glück,

kein Tag bleibt ohne Sinn zurück.

Tag der verlorenen Socke

Immer häufiger geschieht es, dass sich von zwei Socken, die gemeinsam in der Waschmaschine gelandet sind, nur einer wiederfindet. Wo gehen sie hin? Unsere Waschmaschine ist relativ neu und nach genauerer Durchsicht konnte ich kein Verschluckloch in der Trommel entdecken. Das Flusensieb förderte so Einiges zutage, aber nichts, was mit den aufgeribbelten Restbeständen einer vermeintlichen Socke Ähnlichkeit haben würde. Fazit – die Socke ist weg. Und natürlich ist es nicht die alte, an etlichen Stellen dünnmaschige Socke, deren Lebensende abzusehen ist, nein, es ist meistens eine der neu angeschafften Sockenpaare.

Mittlerweile habe ich eine Kiste für einsame Singlesocken. Hin und wieder fügt es sich, dass sich eine verlorene Socke wiederfindet und sich voller Freude an seinen Sockenpartner kuschelt. Innig umschlungen verschwinden sie glücklich in der Sockenschublade. Ihre Welt ist wieder in Ordnung.

Natürlich könnte man aus der Not eine Tugend machen, und wie Pippi Langstrumpf ganz konsequent bunte Socken tragen, gelb und grün, blau und grau, schwarz und weiß, rot und orange. Damit ist das Problem aber nicht gelöst, denn längerfristig ergeben sich farbliche Kombinationsprobleme, wenn die nächsten Socken verschwinden.

Können Socken laufen? Sie verschwinden nicht immer auf dem Weg vom Wäschekorb in die Waschmaschine, sondern auch danach. Sie verstecken sich an verschiedenen Stellen: zwischen

Waschmaschine und Wand – im Garten, wenn sie von der Wäschespinne geweht werden – zwischen Putztüchern – im Staubsaugerbeutel, wenn der Staubsauger sie zuerst entdeckt hat – unter der Matratze – in Unterhosenschubladen – im Heizungskeller – unter den Sträuchern, wenn der Hund sie als neues Spielzeug in den Garten trägt – im Wäscheklammerbeutel – und, und, und …

Bisher habe ich kein Patentrezept, unsere Socken zu schützen. Wir könnten den Verein vereinsamter Socken gründen, allerdings vermute ich einen Zulauf, der nicht zu bewältigen ist. Eine Single-Socken-Vermittlungsbörse würde vielleicht das eine oder andere Paar glücklich machen.

Vielleicht muss ich den Gedanken akzeptieren, dass Socken von Natur aus einen übermäßigen Bewegungsdrang haben und sich das Problem nicht lösen lässt. Vielleicht ist das aber nur mein Problem und Ihr habt all Eure Socken im Schrank?

Trübe Tassen

Tassentrübe Tage

sind eine echte Plage

sie ziehen sich

sie dehnen sich

sind hinderlich

und widerlich.

Drum nehm´ ich

eine neue Tasse

mit einer heißen

süßen Masse

und siehe da:

der Tag wird klasse!

Flatulenzen und andere Gase

Unser etwas spärlich gefüllter Kühlschrank zwang mich heute Mittag in den Supermarkt zu gehen. In der Nähe des Obst- und Gemüsestandes zogen sich meine Nasenschleimhäute verdächtig schnell zusammen und die Stirn bekam gleich die typische ich-denke-gerade-scharf-nach Markierung. Ich schaute sofort sehr genau nach, aus welcher Ecke diese merkwürdigen Gerüche kamen. Weder vom Obst noch vom Gemüse, das war mir in Sekundenschnelle klar. Und dann traf es mich wie ein Hammerschlag. Rechts neben mir stand eine stramme Wolke aus Schweiß und Urin, in der ich einen betagten Mann erkennen konnte. Und was machte der? Der schaute mich an, als käme dieses grauenhafte Luftgemisch von mir.

Na warte, dachte ich und ließ ihn samt seiner Wolke schnellstens stehen.

Aus dem nächsten Gang beobachtete ich, wie seine frühere Verlobte auf ihn zukam und ihm eindeutig erklärte, sie hätten nun alles und könnten zahlen und nach Hause fahren. Dabei trat sie so dicht an ihn heran – ohne zu zögern wohlgemerkt -, dass mir der Gedanke kam, das unangenehme Luftgemisch müsse sich nun mindestens verdoppeln. Aber das Gesicht der Frau sprach eine andere Sprache. Tränensäcke, aufgedunsen und rot, das sah mir eher nach häufigem Genuss von Alkohol aus.

Schweiß, Urin und Alkohol! Hätte ich nur im Chemieunterricht besser aufgepasst, was sich daraus für eine neue Substanz ergab. Womöglich hochexplosiv?

Mit gebührendem Abstand zu den beiden, die zielsicher in Richtung Kasse schlenderten, setzte ich meinen Einkauf fort, in großer Hoffnung, dass die Klimaanlage nun nicht versagen oder der Strom ausfallen möge.

Als mein Einkaufswagen und ich sich dem Ausgang näherten, glaubte ich meinen Augen nicht zu trauen. Auf diesem recht großen und größtenteils freien Parkplatz parkten die beiden ausgerechnet neben mir. Er war dabei, Teilchen für Teilchen langsam mit einer Hand mitten in den Kofferraum zu legen, kreuz und quer zwischen Gartengeräten, Handfeger, Mülltüten und einigen undefinierbaren Dingen.

Ich hätte gern mal näher gelinst, wo denn in diesem Kofferraum das Alkohollager versteckt war, aber der männliche und doch sehr aufdringliche Duft waberte bedrohlich in meine Richtung.

Daran konnte auch die frische Luft nicht mehr viel ändern.

Sie brachte unterdessen den Einkaufswagen weg. Ich saß schon in meinem Auto und wartete gespannt, wer nun das Auto vom Hofe chauffieren würde. Er machte mir doch einen sehr angeschlagenen Eindruck und sie einen nicht ganz nüchternen.

Mein Auto und ich schlossen Wetten ab, es war sonst niemand da, dem ich einen Wetttipp hätte entlocken können.

Ich hoffte insgeheim nur, dass der üble Geruch des Herrn keine matten Flecken an der Beifahrertür meines Autos hinterlassen würde, das geht ja sehr schnell.

Die Frage, wer fährt, stellte sich offenbar nicht, zumindest wurde nicht darüber diskutiert.

Der Herr des Hauses setzte sich sehr langsam, aber zielgerichtet auf den Fahrersitz, nachdem die Dame ihm die dicke Geldbörse in die Hand gedrückt hatte, die die Brusttasche seiner hellbraunen Jacke fast sprengte. Sie setzte sich schwerfällig auf den Beifahrersitz.

Nun aber los dachte ich, bevor der gute Parkplatznachbar, beim Zurücksetzen in die falsche Richtung ausschlägt.

Es war heute nicht gerade warm bei uns, doch ich genoss die kühle und frische Luft durch mein geöffnetes Seitenfenster, bis ich zuhause war.

Suche ...

Gedankenvernichtungsmülldeponie

Standortvoraussetzungen:

umweltfreundlich und ohne Schadstoffe

genügend verseuchte Luft, Böden und Meere

sind hinreichend vorhanden

wieder verwertbar

aus negativen Gedanken

sollen positive werden

ohne jegliche Konservierungsmittel

globalisierbar

eine Verbreitung positiver Gedanken

erfolgt automatisch, umfassend, weltumspannend

Ein Scheiß-Thema

Wer kennt das nicht, das Glitschen unter der Schuhsohle, wenn man eben ins ‚Glück' getreten hat!?!

Von Wegen Glück – sowenig wie Scherben Glück bringen, verhält es sich auch mit dem, was unsere Vierbeiner hinterlassen. Kein Glück, sondern Scheiße – im wahrsten Sinne (man verzeihe mir meine Ausdrucksweise, aber in dem Zusammenhang passt sie für mich!).

Hundebesitzer haben nun mal die Pflicht und Schuldigkeit, die Hinterlassenschaft ihrer Haustiere zu beseitigen, denn die armen Hunde können ja nicht dafür, dass sie nicht so recht aufs Katzenklo passen. Und müssen müssen sie ja auch mal dürfen.

Doch die Realität ist einfach eine andere.

Selbst in der ländlichen Idylle unseres Lebensmittelpunktes, wo der Wald in absehbarer Entfernung ist und es dem Wuff aller Art und Couleur ein Vergnügen wäre, dort durchs Unterholz zu streifen und ungesehen.. na, ja, der geneigte Leser weiß, was nun kommt ..., nein! Das ist für manche Hundebesitzer offensichtlich zuviel verlangt.

So finden wir auf unseren täglichen Gassirunden an bestimmten Stellen täglich gleichfarbige Häufchen und haben nur eine dunkle Ahnung, von wem die stammen könnten.

Nicht nur in Raucherecken, sondern auf Gassirunden, kommt man schnell ins Gespräch und so sind es auch immer die gleichen Zeitgenossen, die keine Hundebeutel dabei haben, aber Hunde so groß wie ein Kalb.

Das will aber nichts heißen, denn so mancher gut gefüllter Beutel landet auch manchmal mitten in der Botanik oder wird unter einer Hecke versteckt. Und das muss man erst einmal beweisen! Nichts ahnend beim Harken oder beim Rasenmähen vor der eigenen Grundstückstür fliegen einem dann diese Relikte unvermittelt um die Ohren.

Es gibt sie, die Hundekottüten und sie sind auch für zivile Preise zu erwerben. Leider sind sie noch nicht biologisch abbaubar, daher ist das Entsorgen mitten in der Botanik ebenso sträflich wie Plastikmüll im Meer zu entsorgen.

Da ich mich nicht mehr länger ärgern will, nehme ich auch zur Gassirunde meinen Fotoapparat mit und werde mich auf die Lauer legen, wo welcher Hund ... und welches Herrchen oder Frauchen ohne ... unterwegs ist.

Das wäre doch gelacht, wenn wir unseren Kiez nicht wieder kotfrei bekämen.

Wie genau lassen wir uns in die Karten gucken?

Blicke ins Leben

Koffer-, Zoll- und Passkontrolle

spielen eine große Rolle

bei der Reise

Ein- und Aus.

Wer nicht reist,

der bleibt Zuhaus!

Doch auch da stellt sich die Frage,

was ich denen gerne sage,

die mich mit Fragen bombardieren

und sich dabei nicht mal genieren.

Mancher Darm will gerne zeigen,

was so alles in ihm lebt,

auch der Magen ist recht eitel,

zeigt gern auch, wie es ihm geht.

Eigentlich tut's gar nicht weh,

das Belastungs-EKG.

Das Dauerradeln strengt zwar an,

doch jammere nicht und halt' Dich ran!

Das Beichtgeheimnis hin und her,

meist bleibt der Beichtstuhl einfach leer.

„Was ich getan hab, guter Mann,

geht doch nur Gott und mich was an."

Datenklau und Mensch aus Glas,

wundert uns noch wirklich was?

Wir sind erfasst, mit Haut und Haar,

ist Dir das immer noch nicht klar?

Wenn Du nichts zu verbergen hast,

die Weste weiß ist und Dir passt,

so mach Dir keine großen Sorgen

über das Leben, heut' und morgen!

Suppenkoma
oder wie halte ich mich über die Mittagspause fit?

Mittlerweile hat Hanna alle Tricks ausprobiert, um diesem tägli-
chen Suppenkoma zu entkommen.

Sie geht nicht mehr in der Kantine essen. Ballast braucht der
Magen ebenso wenig wie überflüssige Kalorien. Mittags packt
sie ihren Salat aus, trinkt statt Kaffee nur Buttermilch und trotz-
dem – das Suppenkoma kommt. Und sie bekommt langsam lan-
ge Zähne, denn sie fühlt sich wie ein Kaninchen bei so vielen
grünen Salatblättern und frischem Gemüse.

Mit Nordic-Walking-Stöcken bewaffnet, schnaufend durch den
angrenzenden Park zu walken, den Kunden, die nach der Mit-
tagspause womöglich vor ihrer Tür Schlange stehen und unge-
halten einer nach dem anderen an ihren Schreibtisch treten,
verschwitzt und keuchend zu begegnen, ist auch nicht das Gelbe

vom Ei. Vor allem wirft so ein Zustand kein gutes Licht auf die Firma, zu der sie seit ihrer Ausbildung gehört.

Die Firma müsste ein Schwimmbad für die Mittagspause oder zumindest einen Ruheraum haben, aber so viel Arbeitgeberfreundlichkeit ist in der heutigen Zeit wohl kaum zu erwarten.

Sie kann sich ja schlecht im Großraumbüro in der Mittagspause auf ihre Yogamatte legen, sich von Entspannungsmusik einlullen lassen und ein kurzes Nickerchen machen. Schon die geforderte Arbeitskleidung mit Rock, Bluse und hochhackigen Schuhen verbietet das.

Hannas Lieblingsitaliener lässt sich nicht mehr mit einer Ausrede abspeisen, sie müsse derzeit Kalorien zählen, denn Rohkost und Walken haben einige Pfunde purzeln lassen.

Und schon steigt ihr der Duft der herrlichsten Spaghettis mit den entsprechenden Soßen in die Nase. Sie schnüffelt wie eine Drogenabhängige und wird unruhig, wenn sie an den Grappa und den Espresso danach denkt ... Und heute macht sie es! Der Salat und die Buttermilch werden für das Abendessen eingeplant und in der Mittagspause geht sie zum Italiener – basta. Und das Suppenkoma wird sie zukünftig als das betrachten, was es wirklich ist: der Leistungsabfall in der Mittagszeit, biologisch belegt und garantiert ohne Risiken und Nebenwirkungen.

Zeitmanagement

KEINE ZEIT – als sein Sohn dringend Hilfe bei den Hausaufgaben brauchte.

KEINE ZEIT – als die Nachbarin mit dem Rollator vor der Treppe stand und nicht wusste, wie sie zur ersten Etage kommen sollte.

KEINE ZEIT – als der beste Freund am Telefon Zuspruch brauchte.

KEINE ZEIT – als die neue Praktikantin in ihren Arbeitsbereich eingewiesen werden sollte.

KEINE ZEIT – als die Tochter Hilfe beim Umzug benötigte.

KEINE ZEIT – als der Herrenabend wieder mal ohne ihn stattfand.

KEINE ZEIT – als der Arzt dringend auf ein paar Tage Urlaub drängte.

KEINE ZEIT – die Ehefrau hatte längst die Nase davon voll und lebte in einer eigenen Wohnung.

VIEL ZEIT – die Bilanz nach einem schweren Schlaganfall.

VIEL ZEIT – als zur Besuchszeit niemand aus der Familie und dem Freundeskreis an seinem Bett saß.

VIEL ZEIT – darüber nachzudenken, wie das eigene Leben so aus dem Zeitfenster fallen konnte.

Eine Frage der Zeit

Früher haben wir mit kindlichem Gemüt gemeinsam die Welt entdeckt und haben uns dafür viel Zeit genommen.

Während unserer Ausbildung haben wir unsere Zeit damit verbracht, uns ein Standbein für die Zukunft zu schaffen. Als die Kinder kamen, legten wir den Meilenstein dafür, dass wir in dieser Welt etwas Gutes hinterlassen.

Familie und Beruf forderten ihren zeitlichen Tribut. Und so vergingen die Jahre.

In der Reife unserer Jahre holen wir das nach, was uns die Zeit der Berufsfindung und der Familienplanung nicht gegönnt hat. Wir reisen und erobern die Welt und betrachten sie aus ganz anderen Blickwinkeln.

Erst, wenn wir unsere Kinderteller und Schnabeltassen vor uns haben und uns zum Rollstuhl- und Rollatorentreffen sehen, haben wir wieder mehr Zeit und schlagen uns die Tage um die Ohren.

Und irgendwann kommt der Tag, da haben wir Zeit ohne Ende, aber das interessiert niemanden, denn dann hat unsere Stimme für immer versagt und der Blick ist starr und ausdruckslos.

Mainz und meins

So mancher denkt sich nichts dabei,

glaubt „Mainz" und „meins" sei einerlei.

Der schnöde Mammon, all sein Reiz,

verführt zu ganz besonderem Geiz.

Vorbei am Fiskus, ungeniert,

so mancher Freund wird noch geschmiert,

damit er stillhält und nichts sagt.

Und wenn ihn das Gewissen plagt,

zeigt er sich an, beteuert Reue,

entschuldigt sich mehrmals aufs Neue.

Gar mancher nimmt auch seinen Hut,

denn alles wird bald wieder gut.

Ein Pölsterchen in Form von Geld,

und er bleibt weiterhin

ein Mann von Welt.

Tierisch was los...

Hundstage sind die heißen Sommertage, an denen kein Hund freiwillig vor die Tür geht, sondern sich lieber, platt auf allen Vieren ausgestreckt, dem süßen Nichtstun hingibt.

Auch wenn es Hunde und Katzen regnet, was in diesem Sommer vielerorts zur Normalität geworden ist, liegt der Hund gern gemütlich in der guten Stube und denkt an all seine Artgenossen, die es nicht so gut wie er haben.

Der Katzenjammer tritt oft ein, wenn ein süßer Rausch verflogen ist und eine Ernüchterung auf dem Fuße folgt. Das ist ein schlimmer Zustand, den wohl jeder von uns kennt. Ist der Rausch des Alkohols erst einmal verflogen, tritt der Kater auf den Plan.

Was so alles in der Tierwelt für unsere Befindlichkeitsstörungen herhalten muss, das geht auf keine Kuhhaut.

Eine Ameisenkolonne krabbelt durch meinen Körper, findet zielgerichtet seine Schwachstellen und begibt sich emsig ans Werk. In ihrem Eifer drehen sie alles von oben nach unten, verteilen systematisch die kleinen Schmerzpunkte, um sie an anderen Stellen wieder anzulanden. Könnt ihr euch nicht ein anderes Betätigungsfeld suchen? Nachdem gerade ein wenig Schmerzlosigkeit über die müden Knochen gewachsen ist, kommt ihr und wühlt wie ein Maulwurf alles wieder auf!

Der Specht im Kopf, ein wahres Energiebündel, hämmert mit einer Lautstärke vor sich hin, dass es durch den ganzen Körper klingt und sich das Echo in die Tiefen der Hals- und Brustwirbel-säule schwingt. Irgendetwas in Magenhöhe scheint mit dem Inhalt dessen nicht einverstanden zu sein. Ein gefühltes Hin und Her erinnert mich an meine frühere Leidenschaft, Achterbahn zu fahren.

Aber heute doch nicht mehr. Lieber Mageninhalt, lass dich nicht provozieren und bleibe bitte dort, wo du hingehörst.

Die strahlende Sonne blendet, die angenehmen Temperaturen lassen mich frieren.

Es bleibt nur ein Ausweg, ins Bett. Die Türe schließen, die Decke über die Ohren ziehen und einfach nur fallen lassen.

Zu den Klängen meiner Entspannungsmusik, auf die ich mich einlasse, lassen die Muskeln nach und nach ihre Spannung los, werden weich und nahezu schmerzfrei. Dem Specht im Kopf scheint das sanfte Plätschern der Musik nicht in seine Melodie zu passen, er fliegt verärgert davon. Die Bauchatmung lässt die inneren Organe fühlbar wieder an ihre angestammten Stellen gelangen, der Herzschlag verlangsamt sich und mitten am Tag umhüllt mich die Wolke des Schlafes wie eine zarte flaumige Decke. Nichts und niemand stört mich.

Wenn der Körper streiken will, sucht er sich oft freie Tage aus, um uns ein Zeichen zu setzen, besser auf uns aufzupassen.

Haarwurzelkatarrh

„Fass mich bitte nicht an!"

„Was ist dir denn für eine Laus über die Leber gelaufen?"

„Ach, lass mich doch einfach in Ruhe!"

„Ich bin dann im Keller. Brauchst du was?"

„Ruhe, einfach nur Ruhe!"

Wenige Minuten später ertönen aus dem Keller dumpfe Bässe, die mir fast das letzte bisschen Verstand rauben. Ich schleppe mich vom Sofa in die Küche, löse eine weitere Aspirintablette im Wasser auf und schleiche mit meiner trüben Flüssigkeit im Glas hinauf ins Schlafzimmer. Den Blick in den Spiegel verkneife ich mir, er steht der Trübheit in meinem Wasserglas sicher in nichts nach.

Die Decke bis an die Ohren hochgezogen versuche ich erneut zu schlafen – vergeblich. Bumm … bumm … bumm … dröhnt es zwar leiser, aber nicht weniger penetrant in meinen Ohren.

Irgendwann schlafe ich ein, unruhig wälze ich mich von einer Seite auf die andere. Grelles Licht lässt meine Augenlider fast explodieren. Ich fühle mich geblendet, wie elektrisiert. Schon wieder diese Stiche!

„Warum bist du denn hier?"

„Machst du bitte das Licht aus?" Ich wimmere fast.

„Muss ich mir Sorgen machen?" Vorsichtig, fast zaghaft, schleicht er an mein Bett und setzt sich auf die Bettkante.

„Nein, musst du nicht. Wenn du auf den Kalender schauen und ein wenig nachdenken würdest, wüsstest du, dass ich meine Tage habe und einen Migräneanfall dazu. Mehr nicht!"

„Alles klar! Ich mache dir deinen Tee, am besten gleich eine ganze Kanne, ist dir das recht?"

„Wenn du so gut wärst?", flöte ich.

Na bitte – geht doch! Ich lösche das Licht, drehe mich um und bitte meinen Haarwurzelkatarrh, doch endlich weiterzuziehen.

Wünsche

Wünsche treiben uns an.

Dann und wann werden sie genannt,

wir sind gespannt und ganz entspannt,

wenn sie sich erfüllen, sich enthüllen,

ungeplant, ungetarnt,

die großen und kleinen, die still im Geheimen

in uns wachsen und treiben.

Sorge gut für dich

Wenn Frost dir in die Kleider zieht,

der Nasentropfen schnell gefriert,

dein Atem nur als Wolke kommt,

der Körper schon vor Kälte zittert

und überall nur Eiszeit wittert,

dann sei gescheit und bleib daheim.

Dein Körper wird dir dankbar sein.

Protest

„Du bist nicht gut zu mir."

Ich war perplex. Tat ich nicht alles für sein Wohlbefinden? Scheinbar nicht.

„Manchmal überforderst du mich völlig. Du nimmst keine Rücksicht darauf, dass auch ich in die Jahre gekommen bin. Was habe ich nicht alles für dich getan im Laufe der Jahrzehnte?"

Zugegeben, ich bin nicht immer fair zu ihm, ich schone ihn nicht so, wie ich es sollte. Hin und wieder hat er mir die ‚Gelbe Karte' gezeigt und mich daran erinnert, besser auf ihn aufzupassen. Doch wie schnell hatte ich das wieder vergessen?

Nun zeigt er mir die ‚Rote Karte', unmissverständlich!

Ich gehe in mich. Was habe ich getan, dass er mich so abstraft? Außer dem Üblichen doch nichts, oder? Er hat sich gemeldet, zaghaft, immer wieder. Und ich? Im übertragenen Sinne habe ich ihm den Kopf gestreichelt und ihn beruhigt: „Stell dich nicht so an, das schaffen wir doch auch noch, oder?"

Ohrfeigen könnte ich mich, mich selbst in den Allerwertesten treten.

Wie so oft habe ich seine Bedürfnisse verkannt. Nun stehe ich da, in die Knie gezwungen und in seiner Schuld. Er ist übermächtig, dominiert mich, zwingt mich zum Innehalten und zur äußersten Vorsicht.

Anfang der nächsten Woche haben wir einen Termin zur Wiedergutmachung. Solange soll er bitte die Füße stillhalten und nicht weiter um sich schlagen. Ich komme ihm entgegen, so gut ich kann und werde ihn bei Laune halten. Noch mehr Protest von ihm könnte mich handlungsunfähig machen, das kann ich mir gar nicht erlauben.

Also, lass uns für die nächsten Tage einen Waffenstillstand schließen und uns arrangieren, lieber Rücken.

Zum Kugeln

So manches ist doch wirklich zum Kugeln:

Rumkugeln
Sie liegen nach dem Verzehr wie ein Stein im Magen und garantieren sattes Hüftgold.
Kristallkugeln
Ob sie den Blick in die Zukunft verraten?
Bowlingkugeln
Der sichere Tipp gegen schlaffe Oberarme.
Pistolenkugeln
Sie sichern den Arbeitsplatz eines Pathologen.
Schneekugeln
Sie können erhitzte Körper abkühlen.
Mozartkugeln

Sie schmecken am besten in der schönen Stadt Salzburg.

Leuchtkugeln

Die sollte man auf hoher See bei sich haben

Weihnachtsbaumkugeln

Weihnachten ist nicht mehr allzu fern…

Nachtaktiv

‚knrrzknrrzknrrz' . Das Malmen von Ober- auf Unterkiefer kann so laut und unangenehm sein, dass der Partner davon wach wird und senkrecht im Bett sitzt.

‚Nein!' Das Traumland hat seine Tiefen erreicht und muss sich lautstark äußern. ‚Lass das sein!' , knrrzknrrzknrrz knrrzknrrz-knrrz'.

‚Hrrrmmmmhrrrmmmmm–fffffffffffffffff'. Als Krönung kommt durch den offenen Mund ein tiefer Schnarcher, nicht nur einmal, sondern als Melodie hinterher.

Ein kräftiger Ruck geht durch das Ehebett, die Bettdecke der Partnerin rutscht beim Herumdrehen auf den Boden, zu viel Wärme, zu viel Hitze.

‚Hrrrmmmmhrrrmmmmm -fffffffffffffffff'.

Der Partner, bereits mehrfach um den eigenen Schlaf gebracht, steht verschlafen auf, nimmt seine Bettdecke und verschwindet leise ins Wohnzimmer. Auf dem Sofa hat er es zwar nicht so bequem, aber seine wohlverdiente Ruhe.

Mit allen Sinnen

Wie gern ich sie rieche,

die frische Morgenluft,

gereinigt durch die Nacht,

belebend und kühl.

Wie gern ich sie schmecke,

die sonnige Mittagsluft,

gespickt mit Gewürzen,

Kräutern und Gaben.

Wie gern ich sie sehe,

die satte Luft des Abends,

mit dem Tanz der Insekten

und dem Lied vom Tag.

Wie gern ich sie höre,

die Stille der Nacht,

gehüllt in das Dunkel,

das Sicherheit schafft.

FARB-LOS

Wir sehen die Welt farbig und nicht in Schwarz-Weiß. Das ist keine Laune der Natur oder irgendwelcher Künstler oder Modeschöpfer, sondern dient uns Menschen und den Tieren zur Orientierung und zum Überleben.

Daraus hat die Werbung selbstverständlich ihren Nutzen gezogen und trifft gezielt auf unser Unbewusstsein, um uns von der Notwendigkeit des Erwerbens zu überzeugen.

Farben prägen unser Denken, Fühlen und Handeln.

Wie geht es aber Menschen, die nicht mehr sehen können?

Alles war anders geworden.

Müde saß er in seinem Stuhl am Fenster und schaute hinaus in den Garten. Aber er sah keine bunten Blätter, die der Herbstwind von den Bäumen trieb und die, wie in einem letzten Tänzchen, in der lauen Herbstluft sanft zur Erde schwebten.

Seine Augen sahen nur eine schwarze Wand.

Wenn er morgens aufwachte, sah er diese schwarze Wand, den ganzen Tag über stand sie vor ihm, fast schon zum Greifen nahe, und wenn er schlafen ging und die Augen schloss, stand sie immer noch da – unverrückbar, unzerstörbar.

Seit Jahren gehörte sie zu ihm und immer noch lehnte er sie ab, lehnte sich innerlich gegen sie auf, versuchte sie zu bekämpfen – vergebens.

Seine Seele litt und war krank geworden. Diese Wand hatte sich über sie gelegt und wie ein schwarzes Tuch unabänderlich eingehüllt.

Nicht nur sein Leben hatte sich verändert.

Die Rollen in der Familie hatten sich vertauscht.

Er, der liebevolle und fürsorgliche Partner und Vater, zu dem die Familie immer aufgeschaut hatte, war zu einem Menschen geworden, der stets und ständig Hilfe und Pflege brauchte.

Das, was sein Leben mit ausgemacht hatte, seine Liebe zur Literatur, zur Kunst und zur Musik, war nur noch eine schmerzhafte Erinnerung und eine weitere große Lücke in seinem Leben, die er nicht mehr füllen konnte.

Seine Arbeit, seine Reisen, beruflich und auch privat mit der Familie, all das war ihm genommen worden.

Er hatte sich zurückgezogen, von allem, was ihm früher wichtig gewesen war und von fast allen Menschen, die ihm stets lieb und teuer waren. Er kreiste in seinem Inneren nur um sich selbst, traurig, verbittert und in einem ständigen Kampf mit seinem Schicksal.

„Gott, mein Gott, warum hast Du mich verlassen!?!"

Dieses Bibelzitat hatte sich auch in seinem Kopf festgesetzt.

Die Familie hatte alles versucht, ihn aus seiner Lethargie zu locken, bisher vergeblich.

Doch ihr neuer Plan könnte funktionieren.

Sarah, das ehemalige Au-pair-Mädchen der Familie hatte inzwischen ein festes Engagement als Geigerin im Wiener Mozart Orchester und hatte erste kleine Erfolge als Solistin.

Sie weilte für ein paar Tage bei ihrer Familie in Hannover und ruhte sich aus, bevor das Orchester Mitte September auf Tournee ging.

Als Charlotte sie anrief und ihr vom akuten Zustand ihres Vaters in seiner Freudlosigkeit berichtete, überlegte Sarah keine Sekunde lang.

„Natürlich werde ich am Wochenende kommen", versprach Sarah. „Ich denke, euer Plan könnte Erfolg haben."

Als Werner erfuhr, dass am Sonntag ein Gast zum Mittagessen eingeladen worden war, zog er sich mürrisch in sein Zimmer zurück.

„Ich habe doch gesagt, ich will niemanden sehen. Begreift das doch endlich!"

Bei dem Wort „sehen" blickten sich Charlotte und ihre Mutter Sofia still an. Wie so oft wurden sie schmerzlich daran erinnert, dass Werner gar nicht daran dachte, sein Schicksal zu akzeptieren.

„Du lebst aber nicht alleine in diesem Haus und es kann sich auch nicht alles nur um dich drehen", entfuhr es Charlotte, die es einerseits kaum ertragen konnte, ihren einst so lebensbejahenden und kontaktfreudigen Vater so leiden zu sehen, andererseits aber auch für ihre Mutter und ihre eigene Familie ein halbwegs normales Leben weiterführen wollte.

Charlotte warf ihrer Mutter, die so eine Reaktion hatte kommen sehen, einen aufmunternden Blick zu und ging nach oben in ihre Wohnung.

Werner wollte am Sonntag nicht aufstehen, er hatte sich wieder in seine innere Dunkelheit eingehüllt und dachte verzweifelt darüber nach, wie sein Leben weitergehen sollte.

Wenn er ehrlich zu sich war, kannte er sich selbst nicht mehr wieder und legte Reaktionen an den Tag, die er früher bei anderen immer kritisiert hatte. Aber er konnte nicht anders und auch das lag ihm wie ein Stein auf seiner Brust und schien ihn zu zerquetschen.

Er hatte alles im Leben erreicht, was ein Mann erreichen konnte. Sofia stand ihm in jeder Lebenslage zur Seite, wie sie es seit fast fünfzig Jahren immer getan hatte. Beruflich hatte er viel erreicht. In seiner kurzen Karriere als Lokalpolitiker hatte er viel für sein Bundesland und seine Heimatstadt bewirkt und die Menschen haben ihn respektiert und geliebt. Er hatte zwei wunderbare Kinder, Charlotte und Michael, und mittlerweile vier gesunde Enkelkinder.

Aber der Augeninfarkt, der ihn zur Erblindung geführt hatte, hat seinem alten Leben und all den Aktivitäten, die ihm wichtig waren, ein jähes Ende bereitet. Er weinte wie so oft still in sein Kissen und schlief ein.

Werner träumte. Zumindest glaubte er das, bis er realisierte, dass er mit offenen Augen in seinem Bett lag.

Er vernahm die zarten Töne einer Geige, ein Stück aus Mozarts Zauberflöte. Wie lange hatte er diese Melodien aus den Werken seines Lieblingskomponisten nicht mehr gehört? Er lag ganz still und lauschte. Seine Seele begann zu schwingen und ein warmes Gefühl durchströmte ihn.

Es trieb ihn, den Ursprung dieser Töne zu suchen. Er stand auf, zog sich an und ging ins Wohnzimmer. Sarah, Sofia und Charlotte sahen ihn gespannt und erwartungsvoll an und freuten sich über das Lächeln in seinem plötzlich rosigen Gesicht.

Sarahs Besuch hatte etwas in ihm bewegt. Eine längst verschüttet geglaubte Seite in seiner Seele hatte wieder zu klingen begonnen.

Von diesem Tag an saß er stundenlang in seinem Zimmer und lauschte der klassischen Musik mehrerer, von ihm verehrten Komponisten.

Sofia und er unternahmen wieder Spaziergänge durch den herbstlichen Wald und setzten sich oft auf eine Bank in die warme Spätsommersonne. Sofia erzählte ihm, wie die Natur sich veränderte und Mutter Erde immer mehr zur Ruhezeit überging. Er hielt bunte Blätter in seinen Händen, ertastete die glatte Oberfläche der frisch gefallenen Kastanien und spürte die wärmende Sonne auf der Haut.

Als Sofia ihm mit ihrem besonderen Talent der detailgetreuen Schilderung von längst vergangenen Reisen erzählte, wurde sein Inneres heller und bunter, auch wenn seine Augen an der schwarzen Wand nicht vorbeikamen.

Er lernte, sein Schicksal zu akzeptieren und sich mit seiner Einschränkung zu arrangieren.

Seine Depressionen wurde er nicht gänzlich los, aber er hatte immer mehr Momente der Freude und schaffte es, seine Erinnerungen lebendig zu halten.

Einer von ihnen

Seit Wochen war er das Tagesgespräch im Ort.

Er, den normalerweise niemand beachtete, der für die anderen lediglich der Dorftrottel, der Vollpfosten, der Schulabbrecher und der Nichtsnutz war. Er, aus der Familie eines Vaters mit einem Alkoholproblem und Hartz 4 und einer Mutter, die eines Tages getürmt war und alles hinter sich gelassen hatte. Allen hatte er mit seinen knapp 16 Lenzen bewiesen, dass er schlau war, dass ihm so leicht niemand auf die Schliche kommen konnte.

Seit in seinem Dorf die Wahlplakate für die anstehende Bundestagswahl aufgestellt worden waren, schlich er sich nachts davon, mit Spraydosen und Stiften bewaffnet und machte sich daran, die Gesichter der Politiker zu verändern. Was interessierte ihn denn die Wahl?

All diese Pappnasen, die versprachen und doch nichts hielten. Mit denen hatte er, Lars aus einem kleinen Ort in Meck-Pom, ohnehin nichts zu schaffen. Sollten die doch machen, was sie wollten.

Wenn es abends dunkel wurde und sein alter Herr seinen schweren Körper mit dem entsprechenden Alkoholpegel ins Bett geschleppt hatte, stiegen bei Lars Herzfrequenz und Blutdruck an und er zog los. Auch wenn er nichts besonders gut konnte, aber Gesichter verändern, sie abmalen und karikieren, das konnte er, wenn er auch sonst nicht viel in der Birne hatte –

so glaubten es die anderen. Den größten Kitzel verschaffte es ihm, bisher nicht erwischt worden zu sein.

Am nächsten Tag sprachen die Leute im Dorf über nichts anderes und feixten sich mittlerweile eins, weil die Polizei so völlig im Dunkeln tappte. Lars ging mit offenen Ohren durchs Dorf, er hatte Zeit genug, seitdem er seine Lehrstelle hingeschmissen hatte und seinem Vater langsam auch egal wurde, wo sich sein Sohn tagsüber herumtrieb, solange nur genug Alkohol im Haus war. Lars war erleichtert, auf diese Weise auf dem Laufenden zu bleiben, ohne dass jemand wusste, dass er hinter der Aktion stand.

Die verunstalteten Plakate waren in den ersten Tagen erneuert worden, aber das war mittlerweile sinnlos geworden.

Es war später Abend geworden, und Lars machte sich auf den Weg. Als er sein Fahrrad hinter einer Baumgruppe abgestellt hatte und sich mit seinen Sprühdosen und Eddings auf das Plakat seiner heutigen Aufgabe hin bewegte, stutzte er. Er starrte auf das Plakat der Kanzlerin neben einer Gaslaterne, die ihn mit einem Heiligenschein um ihren Kopf freundlich anlächelte.

Zögernd trat er näher. Da hatte ihm doch jemand ein Schnippchen geschlagen und ihm regelrecht ins Handwerk gepfuscht.

‚Nicht mit mir‘, dachte Lars zornig. ‚Das ist meine Baustelle.‘

Er nahm den schwarzen Edding und setzte gerade an, den Heiligenschein zu schwärzen, als mehrere Lichtstrahler angingen. Ihm wurden die Arme auf den Rücken gelegt, und als Lars hörte, wie sich die Handschellen um seine Handgelenke schlossen, wusste er, dass das Spiel aus war.

Aber am nächsten Tag würde das ganze Dorf über ihn reden und das allein war ihm ausreichende Genugtuung.

Stille

Still ist es, als die Nacht dem Morgen die Tür öffnet. Der frühe Tag tritt ein, ganz leise, um die letzten Schleier der Nacht nicht zu zerreißen.

Wie ein Mantel legt sich die Stille auf mich. Sie umfängt mich und hüllt mich ein. Sie wärmt mich und gibt mir Schutz. Nichts kann mich erschrecken, nichts ängstigt mich.

Die Schleier der Nacht lösen sich auf. Die Sonne schickt ihre ersten zarten Strahlen zu mir und kitzelt mich wach. Still beginnt mein Tag. Still endet er.

RUND UM DEN JAHRESKREIS

Zum Jahresbeginn

Aufbruch

Alles ist weiß.

Alles ist neu.

Alles ist unbenutzt.

Aufbruch

Aufbruch in ein neues Jahr.

12 neue Monate

52 neue Wochen

365 neue Tage.

Und die Bilanz am Jahresende?

Vielleicht:

Alles ist bunt.

Es war ein Jahr,

das sich gelohnt hat,

gelebt worden zu sein.

Worauf warten wir?

Brechen wir auf!

Ur-Vertrauen

Und die Sonne sprach zu mir:

Ich wärme dich, wenn du frierst.

Und der Mond sprach zu mir:

Ich leuchte dir den Weg, wenn du dich verirrst.

Und die Sterne sprachen zu mir:

Wir leiten dich, wie einst die Weisen aus dem Morgenland.

Und der Regen sprach zu mir:

Ich sorge für dich, dass deine Quelle nie versiegt.

Und der Wind sprach zu mir:

Ich weise dir den Weg, falls du Gefahr läufst, von ihm abzu-
kommen.

Und der Schnee sprach zu mir:

Ich lasse dich weich fallen, falls du doch strauchelst.

Und die Himmelsgewalten lächelten mir zu.

Nur die Menschen zeigen zwei Gesichter

und immer wieder sehe und höre ich genau hin,

ob ich ihnen wirklich vertrauen kann.

Ostermorgen

Unwirsch fegte der Wind durch die zarten grünen Blätter, die sich bei diesem plötzlich auftretenden kühlen Genossen am liebsten wieder zurückgezogen hätten. Damit hatten sie nicht gerechnet und blickten verzweifelt und schutzlos zum Himmel. Dunkle, graue Wolken bedeckten den Himmel. Die Sonne hielt sich noch versteckt und Mutter Erde war trostlos und still. Die Vögel waren verstummt und es schien, als hätte sich eine unheimliche Ruhe über das Land gelegt.

Nur zögerlich erwachte der Tag und mit ihm tauchten erste schüchterne Sonnenstrahlen die Erde zaghaft in ein freundliches Licht. In dieser Nacht war etwas geschehen, ein Stein war ins Rollen gekommen.

Vorsichtig reckten sich die verschlafenen Blätter und die bunten Frühlingsblüher der Sonne entgegen und hielten das zarte Blütengesicht in ihre wärmenden Strahlen. Sie fühlten sich sicher und geborgen.

Der Ostermorgen war angebrochen.

Zwischen Himmel und Erde

Zwischen Himmel und Erde
liegt so viel Raum,
ihn zu erforschen,
das schaffen wir kaum.
Kein Mond und kein Mars
ziehen mich an,
ich bleib auf der Erde,
in ihrem Bann.
Was danach kommt,
das wissen wir nicht,
die Unendlichkeit
kennen wir nicht.
Noch nicht.

Wonnemonat Mai

Ein Wonnemonat,
warm die Luft
mit süßem frischem Blütenduft.
Frühlingsberauscht,
fliederbetört,
Stille, die niemand stört.
Maiglöckchen klingeln,
Baumwipfel schwingen,
Wind singt sein Lied.
Sternenbewacht
in klarer Nacht,
bis der Tag erwacht.

Glücksmomente

Der große Moment saß zufrieden auf der Bank und ließ sich von der Sonne wärmen. Er genoss die Stille um sich herum und atmete tief in sich hinein. Er wusste, dass seine Zeit begrenzt war.

„Kommt, beeilt euch", hörte er ein zartes Stimmchen rufen. Er blinzelte und sah die vielen kleinen, hüpfenden Momente, die am Seeufer entlang eilten.

„Nicht so schnell", rief er, „wartet." Die kleinen hüpfenden Momente hielten inne und starrten ihn verwundert an.

„Wir müssen uns beeilen, unser Leben ist so kurz", rief der erste kleine Moment.

„Ihr irrt. Kommt her, ich habe euch etwas zu sagen."

Unsicher blickten sich die kleinen Momente an, unschlüssig, ob sie auf den Ruf des großen Momentes hören oder weitereilen sollten. Aber ihre Neugier war geweckt worden und sie umringten den großen Moment.

„Ich weiß, dass unser aller Leben kurz ist, aber ihr seid zu ungeduldig. Eure Eile tut euch nicht gut. Entspannt euch und haltet einen Moment inne."

Die kleinen Momente saßen geduldig um den großen Moment herum und schlossen ihre zarten Äuglein. Der wärmende Schein der Sonne umfing sie und sie verschmolzen zu einem einzigen großen Glücksmoment.

Der Aufstand der Fische

Als der Fisch den Köder sah,
wurde ihm schlagartig klar,
dass rasches Handeln war geboten,
sonst läge er bald bei den Toten.
Sein Hilferuf war kaum verhallt,
da kam Verstärkung
aus dem See im Wald.
Und alle Fische hielten Rat,
dem Angler eine Lehre zu erteilen,
um ihm das Angeln zu verleiden.
Sie sprangen hoch, mit flinker Flosse.
Der Angler glaubte schon an eine Posse.
Doch als er seine Angel suchte,
und lautstark wie ein Flegel fluchte,
ward er vor lauter Zorn ganz blass
und fiel ins kalte, feuchte Nass.
Er ward nie wieder dort gesehen,
doch seinen Stuhl,
den ließ er stehen.

Sommerelfchen

TIEFGRÜN
DER WALD
SOMMER IN HOCHFORM
EIN ORT DES ZAUBERS
STILLE

AUFRECHT
DIE HALTUNG
DER SONNE ENTGEGEN
DEM HERBST ZUM TROTZ
SONNENHUT

Herr Waldmeister im Unglück

Der Waldmeister war unglücklich. Das war nur allzu verständlich, denn er fristete sein Schattendasein unbeachtet. Selbst seine feinen duftenden Blüten wurden von niemandem bemerkt.

So schloss er abends seine kleinen Blütenkelche und schlief mit feuchten Augen ein.

Er erwachte und blinzelte in die aufgehende Sonne. Ihm war, als hätte ihn jemand gerufen. Ratlos schaute er sich um. Mit einem tiefen Seufzer verfiel er wieder in seine Waldmeisterdepressio- nund überlegte, wie er diesen Tag verbringen könnte.

„Hallo Waldmeister, hast du Bohnen in den Ohren?"

Erneut blickte sich der kleine Waldmeister um.

„Bist du aber schön!", entfuhr es ihm.

„Und du machst ein Gesicht, wie sieben Tage Regenwetter", entgegnete die Sonnenblumenblüte mit einem leisen Vorwurf in der Stimme.

„Du hast gut reden. Du bist so schön und du hast einen wunderbaren Ausblick. Ich hier unten sehe so gut wie gar nichts. Ich bin zu klein und mich beachtet niemand." Seine Stimme wurde brüchig, er kämpfte mit den Tränen.

„Du bist auch schön, lieber Waldmeister, und du duftest so intensiv. Wenn ich größer werde, muss ich aufpassen, dass mir niemand die Augen zerhackt. Hast du eine Ahnung, wie weh das tut?"

Darüber hatte sich der Waldmeister noch keine Sorgen gemacht.

„Was hast du gemacht, damit du so groß wirst, liebe Sonnenblume?"

„Darf ich dir einen Tipp geben, lieber Waldmeister? Davon wirst du vielleicht nicht größer, aber zufriedener: ICH BETE DIE SONNE AN."

Ein Sommer mit Handbremse

Gummistiefel, Regenschirm,

die Kunden langen zahlreich hin.

Des Sommers Wechselhaftigkeit

bringt scheinbar nicht nur Heiterkeit.

Er rüstet sich

und zieht bald weiter,

der Herbst kommt hoffentlich

recht heiter.

Duftig

Obwohl wir uns nicht kannten, waren wir einander vertraut. Der Morgenzug um 5.26 Uhr in Richtung Grünau verband uns. Wir grüßten uns nie, nicht einmal der Hauch eines Kopfnickens war uns wichtig. Und doch machte ich mir Gedanken, wenn er mal nicht auf dem S-Bahnhof stand. Ich legte absolut keinen Wert auf eine Unterhaltung, er war ganz und gar nicht mein Typ.

Seinem Äußeren nach lebte er alleine. Seine blauen Jeans, seine Turnschuhe und seine blaugraue Fleecejacke schienen nicht immer ganz keimfrei zu sein. Seine etwas schütteren Haare wirkten oft speckig und ungewaschen.

In der S-Bahn saßen wir auf „unseren" Plätzen in Fahrtrichtung und jeder von uns war in seine Morgenzeitung vertieft. Am S-

Bahnhof Bornholmer Straße trennten sich unsere Wege, bis zum nächsten Arbeitstag.

An diesem Morgen versetzte er mich in Erstaunen. Er war von Kopf bis Fuß neu eingekleidet. Seine Haare waren frisch gewaschen und in Form geschnitten, sein Dreitagebart fehlte. Er trug eine hellbraune Übergangsjacke, die den Kontrast zu seinen schwarzen Jeans hervorhob.

Seine Füße steckten in schwarzen Halbschuhen. Ich konnte einen Hauch von Attraktivität nicht leugnen.

Der Zug setzte sich in Bewegung. Ich schloss die Augen und versuchte, den letzten Rest Schlaf aus meinem Körper zu vertreiben. Meine Sinne reagierten schnell, ein Duft stieg mir in die Nase, der mir fremd und doch vertraut vorkam.

Mein Kopfkino sprang an und ich reiste in meine Kindheit, um diesen Duft aufzuspüren. Alle hatten sie, meine Uroma, meine Großtanten, nur bei uns gab es so etwas nicht. Scheinbar hatte meine Mutter auch nie daran Gefallen gefunden.

Ich sah sie vor mir, die kleinen Kissen, kunstvoll bestickt, aus denen der Duft getrockneter Lavendelblüten aufstieg und meine Nasenflügel wurden leicht kraus.

Es war nicht so, dass ich Lavendel nicht mochte, im Gegenteil. Wenn die Luft im Sommer vom Summen der Insekten erfüllt war und die lilablauen Lavendelblüten sich leicht im Sommerwind hin und her bogen, war das Sommergefühl perfekt. Dazu ein süßer Duft von Rosen, deren rote Blütenköpfchen einen perfekten Kontrast zum Lilablau des Lavendels abgaben, das war Sommer pur.

Ich öffnete die Augen, neugierig, woher der zarte Lavendelduft kam. Mein Blick ging in eine Richtung und ich betrachtete meinen vertrauten Mitreisenden, der in seine Zeitung vertieft war. Ich war sicher, dass er seinen Tag morgens im Lavendelschaum begonnen hatte und der Rest seines Schaum- oder Duschbades nun gleichmäßig durch das Zugabteil waberte.

Die Sonne hatte die Wolkendecke durchbrochen und schickte ihre warmen Strahlen in das Abteil. Ich hatte noch Zeit, schloss die Augen und träumte mich in ein riesiges Feld mit blühendem Lavendel.

Der Tag konnte so richtig beginnen.

Wüste

Auch wenn die Wüste leblos scheint,

der Himmel selten Tränen weint,

ist sie ein Raum auf dieser Welt,

der sich nicht mehr an Grenzen hält.

Sand, soweit das Auge reicht,

Fels, durch Niederschlag erweicht,

Täler, einst in voller Pracht,

so mancher nur noch bitter lacht.

Ach, Mensch, wovon willst du dort leben?

Die Erde kann dir kaum was geben.

Vertrocknet, ausgedörrt, fast tot,

unendlich groß der Menschen Not.

Die Wüste dehnt sich weiter aus,

verlässt ihr zugewiesenes Haus.

Was haben Menschen nur getan,

in ihrem räuberischen Wahn?

Oasentage

In wüstenhaften Zeiten

sehne ich mich

nach Oasentagen.

Schmutzig vom feinen Sand,

ausgedörrt von der trockenen Hitze,

verwirrt von einer Fata Morgana

lechze ich nach der nie

versiegenden Quelle

von Milch und Honig.

Luftschlossgedanken

„Oma, warum schaust du immer zum Himmel hinauf?" Die fünfjährige Nele aß einen Eierkuchen mit Blaubeeren und ihr dunkelblau gefärbter Mund war ein hübscher Kontrast zu ihren hellblauen Augen. „Tue ich das?", fragte Annemarie, die ihre Enkelin für eine Woche zu Besuch hatte und sie jeden Tag mit deren Lieblingsessen verwöhnte.

„Ja, immer wieder schaust du hinauf, als würdest du da etwas ganz Besonderes sehen."

„Ich sehe auch etwas Besonderes."

Nele hob verwundert den Kopf. „Ich sehe nichts. Nur Wolken!" Sie verscheuchte eine Biene, die auf der Terrasse in Omas Garten neugierig um Neles Teller kreiste.

„Zwischen den Wolken baue ich mein Luftschloss", antwortete Annemarie und amüsierte sich innerlich über die immer wieder wissbegierigen Fragen ihrer Enkeltochter.

„Da kann man doch gar nichts bauen. Um ein Schloss zu bauen, brauchst du Steine und Holz und Glas und ganz viel Werkzeug. Und so eine große Leiter gibt es nicht. Oma, wie willst du denn da hochkommen?"

Das war die bestechende Logik eines Kindes.

„Weißt du, Nele, wir Menschen haben dir Fähigkeit, am Tag mit offenen Augen zu träumen und so können wir ohne großen Aufwand ein Schloss nur für uns bauen, zu dem nur wir den Schlüssel haben. Und wenn uns danach ist, ziehen wir uns immer mal wieder dahin zurück."

„Und warum baust du ein Schloss in den Wolken? Du hast doch hier dein Haus und deinen Garten und Lotti." Als hätte Lotti jedes Wort verstanden, hob die Dalmatinerhündin ihren Kopf und schaute Nele mit ihren bernsteinfarbenen Augen groß an. Doch Nele starrte schon wieder hinauf zu den Wolken, als könne sie Omas Luftschloss entdecken und Lotti konnte ungestört ihren Mittagschlaf fortsetzen.

„Manchmal fühlt man sich nicht wohl und möchte einfach an einem anderen Ort sein, an dem es einem besser geht."

„Bist du krank?"

„Aber nein, Nele. Das Haus und der Garten machen viel Arbeit, und seit der Opa nicht mehr bei uns ist, muss ich alles allein machen. Das ist mir manchmal ein bisschen viel ."

„Dann lass doch eine Putzfrau und einen Gärtner kommen und dir helfen. Unsere Nachbarin hat auch Hilfe."

„Eure Nachbarin ist ja auch viel älter als ich", lenkte Annemarie ein und hat auch viel mehr Geld, setzte sie innerlich dazu.

Was wusste ein Kind wie Nele schon davon, wie es ist, plötzlich allein und für alles selbst verantwortlich zu sein? Annemarie verfolgte die Wanderung der Wolken, die sich vom leichten Sommerwind westwärts treiben ließen. ‚Ihr habt es gut, euch lenkt der Wind und ihr lasst euch treiben, ohne euch groß anzustrengen. Und ihr seid nicht allein.'

Nach Klaus' tödlichem Herzinfarkt stand sie plötzlich alleine da, wie vor den Kopf geschlagen, nicht begreifend, dass er nie wieder kommt. Sie liebte das von ihm gebaute Haus und ihren großen Garten, den sie gemeinsam angelegt hatten. Und überall fand und sah sie ihn, wie er ihr aufmunternd zulächelte und ihr immer wieder neue Kraft gab. Aber wie lange würde das noch gut gehen? Wie lange würde sie das alles noch allein bewältigen können?

Sie hatte Nele gern bei sich und war um jede Stunde froh, die Nele aufgeregt im Garten hin- und herhüpfte, die zarten Gänseblümchen pflückte, die Kirschbäume umarmen wollte und den Insekten nachjagte. Als Großstadtkind entbehrte die Kleine so vieles, was die Natur ihr hier bot.

Annemarie plagte sich mit den Gedanken, alles zu verkaufen und sich eine kleine Wohnung zu nehmen. Das würde aber auch bedeuten, Sabines Elternhaus und Neles Großelternhaus zu veräußern. Sabine und Wolfgang hätten gern noch ein zweites Kind und in Gedanken sah sie dieses Kind schon barfuß bei seinen ersten Gehversuchen auf dem grünen Rasen, den kleinen Pöter gut mit Windeln gepolstert, um die ersten kleinen Stürze sanft abzufangen.

Während sich solche Gedanken in ihrem Kopf jagten, saß sie still auf ihrer Terrasse und träumte von ihrem Luftschloss, das frei von solchen Belastungen war. Dort tanzte sie wie eine junge bewegliche Frau durch die von Licht durchfluteten Zimmer, frei von Schmerzen, Sorgen und Nöten. Dort holte sie sich die Kraft, die sie brauchte, um ihr Tagespensum zu bewältigen, ihre aufkeimenden Zweifel wegzuwischen.

„Komm Nele, lass uns ein paar Kirschen pflücken und Marmelade kochen." Annemarie war aus ihrem Luftschloss zurückgekehrt, voller Tatendrang und neuer Energie. So hatte Klaus sie geliebt und in diesem Wissen stellte sie sich jeder neuen Herausforderung.

Herbstblätternaturschutz

Buntes Herbstlaub

verdient einen

Herbstblätternaturschutz.

Wie angenehm bunt

sähe unser Winter aus.

Blätter

schweben durch

die Nebelfeuchte,

mühelos,

fast tänzelnd,

und vereinigen sich

im Teppich der Vergänglichkeit.

Kuddelmuddelschmuddelwetter

Kuddel und Muddel trafen sich in Schmuddel in einem Cafe.

„Was für ein Sauwetter!"

„Es ist viel zu kalt! Von wegen ‚Goldener Oktober'!"

„Meine Kübelpflanzen blühen noch alle, die Geranien stehen in voller Blüte. Ich kann doch nicht alles in den Keller verfrachten!?"

„Solltest du aber, der Regen ist in manchen Landesteilen schon in Schnee übergegangen."

„Ach, das ist eine kurze Laune des Herbstes. Ich will mich noch nicht auf Winter einstellen. Der Sommer ist gerade erst zu Ende gegangen, der Herbst eben angekommen und nun soll schon Winter sein?"

Sie starrten nach draußen. Das große Fenster, an dem sie saßen, war frisch geputzt, die Welt draußen war messerscharf zu erkennen. Es war keine optische Täuschung.

Der aufkommende Herbststurm riss die bunten Blätter von den Bäumen und ließ sie für einen Moment ein paar Tanzschritte wagen. Doch der Regen griff ein und drückte sie mit aller Kraft nach unten, wo sie schwer und nass auf den Gehweg platschten.

In die dicken Regentropfen mischten sich kleine vorwitzige Eiskristalle, ungnädig und kalt.

Der Himmel hatte die gesamte Wetterarmada in Gang gesetzt.

Ein wahres Kuddelmuddelschmuddelwetter!

Wehmut

Sie konnte ihren Blick nicht von der letzten Blütenpracht der Sommerblumen losreißen und um ihren Mund lag ein wehmütiger Zug. Ihr Gesicht und ihre Augen spiegelten, was sie dachte. Als fühlte sie, dass ich in ihrer Nähe stand und sie beobachtete, drehte sie sich um, schaute mich mit traurigen Augen an und sagte: "Der Sommer ist wohl vorbei."

Sie hatte ihn genossen. Ihre Gesichtshaut war tiefbraun, ihre vom Leben gezeichneten Züge hatten sich vertieft. Doch ihre zahlreichen Falten zu dem kurzen Haarschnitt vermittelten das Bild einer Frau, die viel erlebt und sich von nichts aus der Fassung bringen ließ.

Was ging in ihr vor, was sie nicht sagte? Die Hoffnung, einen weiteren Sommer erleben zu dürfen?

Das Alter verändert den Menschen, macht ihn sensibler für das, was immer näherkommt, der Abschied für immer, wenn der Körper sein Leben gelebt hat, die Kraft nachlässt und die Lebensuhr abläuft. Genau das konnte ich in ihrem Blick lesen.

Sie straffte sich, als gäbe sie sich einen inneren Ruck, nahm ihre Tasche und wir verabschiedeten uns, in der Hoffnung auf ein Wiedersehen im kommenden Sommer.

BUNTE ELFCHEN FÜR DEN HERBST

FARBENFROH

DAS LAUB

DIE SONNENSTRAHLEN WÄRMEN

WIND SINGT EIN LIED

HERBST

WEIT

DER HORIZONT

WELLEN ROLLEN HERAN

UNBERECHENBAR IST IHRE KRAFT

MEER

BLAU

STRAHLENDES LICHT

EIN LUFTSCHLOSS BAUEN

TRÄUME IN MEINEM TAG

URLAUB

ORANGE

DIE BLÜTE

EINEM LAMPION GLEICH

DEKORATION FÜR DEN HERBST

HERBSTFRÜCHTE

VERWOBEN

DAS NETZ

MIT VIEL GESCHICK

ENTKOMMEN ODER FLUCHT UNMÖGLICH

SPINNE

Oktoberblues

Müde kam der Tag aus der Nacht gehumpelt. Er hatte heute so gar keine Lust, sich zu entfalten. Jeder stellte enorme Ansprüche an ihn, die zu erfüllen er derzeit kaum in der Lage war. Er sollte strahlen, nur positive Gedanken versprühen, die Menschen bei guter Laune halten und möglichst nicht vergehen. Aber wie sollte er ihnen klarmachen, dass er mit der Jahreszeit ein Problem hatte, selber unter einer rezidivierenden Herbstdepression litt und kaum Antrieb hatte.

„Ich kann dir nicht helfen, so gern ich es auch möchte", tröstete ihn die Nacht, die es kaum mit ansehen konnte, wie sich der Tag Morgen für Morgen quälte. „Ich kann doch nicht einfach bleiben und dich unbegrenzt schlafen lassen. Jeden Morgen hänge ich ein paar weitere Sekunden an und auch am Abend löse ich dich ab, so schnell ich kann. Aber mehr ist nicht drin!"

„Ja, ich weiß, du gibst dein Bestes, liebe Nacht und doch weiß ich nicht, wie es weitergehen soll. Schwester Sonne lässt uns einfach sitzen. Wer weiß, auf welcher Umlaufbahn sie gerade tänzelt? Bruder Regen hat es sich hier so richtig bequem gemacht und denkt gar nicht daran, seine Wolken zur Räson zu rufen. Die bunten Blätter, die die Kinder so gern für ihre Herbstbasteielen sammeln, liegen träge und schwer am Boden und machen keinerlei Anstalten, sich überhaupt bewegen zu lassen, geschweige denn, sich zum Basteln anzubieten. Die Tiere bekommen lange Zähne, wenn sie Eicheln und Kastanien so patschnass und feucht in ihre Winterquartiere schleppen sollen. Die erste Grippewelle hat bereits die Igel befallen. Und der

Wind, der in der Lage wäre, die schweren Wolken wegzupusten, scheint auf Reisen zu sein. Alles, was die Menschen erwarten, bleibt an mir hängen. Es ist bald November und alles sollte noch hell, freundlich und leuchtend sein."

„Ich verstehe dich gut, lieber Tag, doch was nicht geht, das geht eben nicht. Glaubst du, die Menschen können jeden Tag zu hundert Prozent leisten, was andere von ihnen verlangen? Auch sie haben gute und schlechte Tage. Tage, an denen sie vor Kraft Bäume ausreißen könnten und wiederum Tage, an denen sie sich einfach unter der Bettdecke verkriechen und nichts sehen und hören wollen. Nimm es nicht so schwer, lieber Tag. Leiste das, was du leisten kannst und denke auch an dich. Wenn du schlappmachst, was ist dann? Für zwei kann ich nicht da sein. Wir beide sind ein gut eingespieltes Team und das bleiben wir auch, so lange wir offen und ehrlich miteinander umgehen und aufeinander aufpassen. Ich lege mich jetzt hin, damit ich für später fit bin. Du musst jetzt los, lieber Tag."

Der Tag schaute nicht mehr so verdrießlich. Das Gespräch mit der Nacht hatte ihm Kraft gegeben und er nahm seinen Platz ein.

Nichts auf dieser Welt war noch verlässlich. Tag und Nacht jedoch sollten es bleiben.

Nebelfelder

Die Hand seh' ich vor Augen nicht,

ich bin umhüllt,

ganz ohne Sicht.

Feucht, ja, nass fühlt es sich an,

gar unheimlich,

merkwürdig klamm.

Es kriecht an meinen

Beinen hoch,

umfängt mich spielerisch

und doch -

ich mag das Feuchte nicht.

Ich bin allein, fast ohne Licht,

erahne dunkle fremde Schatten

hinter dichten Nebelschwaden,

die riesig und mit nackten Armen

auf mich zeigen und mir sagen:

So fürchte dich doch nicht.

Das ist der Jahreszeiten Lauf,

Novembernebel steigt nun auf,

umfängt das Leben und das Treiben

und zwingt uns,

einfach mal zu schweigen,

zum Innehalten, dann und wann.

Das Leben hält den Atem an

und zeigt uns einen stillen Weg,

zu dem ein jeder finden kann.

Blättertanz

Der quirlige   Herbstwind hatte blendende Laune und strotzte nur so vor Energie. Die Sonne lächelte ihm freundlich zu, als ahne sie bereits, was er im Schilde führte. Er nahm Anlauf, sprang in die Luft und riss die welkenden bunten Blätter auf dem Waldboden mit sich.

„Nicht so schnell", stöhnte das eine oder andere Blatt seufzend auf. „Wir haben nicht mehr so viel Kraft."

„Haltet euch aneinander fest, so geht niemand von euch verloren!" Der Herbstwind lächelte den Blättern aufmunternd zu und führte sie zu einer Wiese. Dort sammelten sie sich erneut und mit einer kleinen Beschleunigung seiner Geschwindigkeit ermunterte der Wind sein Gefolge.

Die Blätter fassten sich an, hielten aneinander fest und ließen sich vom Wind durch die Luft wirbeln. Zwischendurch sank das eine oder andere Blatt zu Boden, ruhte sich aus und wurde dann erneut zum Blätterreigen abgeholt. So viel Spaß hatten die Blätter noch nie gehabt. Der Wind ließ sie langsam auf die Wiese schweben.

„Danke für dieses wunderbare Vergnügen, lieber Wind", raunten die Blätter dem Wind zu, der sich bei allen Blättern einzeln verabschiedete. Nun fielen die Blätter in ihren wohlverdienten letzten Ruheschlaf.

Die Blätter, die dieses Stadium noch nicht erreicht hatten, klammerten sich angstvoll an ihre Äste. Sie hatten das Treiben mit gemischten Gefühlen beobachtet.

„Ob er uns auch abholt, wenn unsere Zeit gekommen ist?", fragten sie sich gegenseitig.

„Ihr habt noch Zeit", flüsterten die Äste, „und bis dahin steht ihr unter unserem persönlichen Schutz."

Die grünen, gelben und roten Blätter waren erleichtert und schaukelten beruhigt in der leichten Brise des Windes.

Winterimpression

Wassertropfen schweben.

Eiskristalle kleben.

Lautlos

zieht der Winter ein.

Legt ein

glänzend weißes Band

schweigend übers

ganze Land.

Auch die Sonne

lugt hervor,

macht sich auf

des Winters Tour.

Nimmt des Winters

weißes Band

sorgsam in die

eigene Hand.

Lichter

Ich wünschte, ich wäre ein Stern und der Erde unendlich fern.

Ich würde ihr leuchten, sie bescheinen und Licht schenken, denen die weinen.

Ihre Sorgen könnten verblassen, sie lernten wieder zu lachen, dass auch ihr Glanz erstrahle und sie vor Schaden bewahre.

Lichter, die leuchten haben Kraft und manches Böse weit weg geschafft.
So sei auch du ein Licht, das die Schatten der Dunkelheit bricht.

Opa ist ein Stern

Es war bitterkalt. Der Vollmond schien hell vom wolkenlosen Himmel und um ihn herum blinkten die Sterne in die eisige Januarnacht.

Frieda und Karla drückten ihre kleinen Stupsnäschen gegen die Fensterscheibe und ihr warmer Atem bildete gleich einen feinen Nebel.

„Schau mal, wie die Sterne blinken. Ich glaube, ich habe den Opa entdeckt", flüsterte Frieda. „Ich auch", antwortete Karla.

Die Zwillinge schwiegen und schauten angestrengt in die Richtung des Sternes, der am hellsten leuchtete. Eigentlich lagen sie schon in ihren warmen Kinderbettchen und sollten längst schlafen. Doch, wie so oft abends, saßen sie auf der Fensterbank und waren still damit beschäftigt, ihrem Opa zu erzählen, wie es ihnen ging und wie sehr sie ihn vermissten.

Sie waren vier Jahre alt und hatten ihren Opa sehr oft krank erlebt. Oftmals mussten sie Rücksicht auf ihn nehmen, wenn es ihm nicht gut ging. Manchmal durften sie ihn nicht besuchen, da sie ihn mit Bazillen aus dem Kindergarten auf keinen Fall anstecken durften.

Aber wenn es Opa gut ging, verbrachten sie gern ihre Zeit mit ihm.

Nun war ihr Opa gestorben, denn die Krankheit war stärker gewesen als er. Er starb mitten im blumigen August. Als er im Krankenhaus lag, durften sie ihn besuchen und sich von ihm verabschieden.

Oma und Mama hatten ihnen erklärt, der Opa sei jetzt ein Stern, ein besonders heller Stern sogar, dem es jetzt gut ginge und der nun auch keine Schmerzen mehr habe. Dieser Stern brauchte ganz viel Licht, um zwei kleine Mädchen auf Schritt und Tritt zu beschützen. In seiner Gegenwart konnten sie sich sicher fühlen. Und wenn der Himmel wolkenlos war, saßen sie am Fenster und hielten Zwiesprache mit ihm. Ihre kleinen Herzen hatten ihm so viel zu erzählen. Irgendwann würden sie verstehen, warum ihr Opa gestorben war und nun in einer anderen Welt lebte, aber alles zu seiner Zeit ...

Winterzeit

Kristallene Schneeflocken

schweben unsicher, neugierig,

lassen sich nieder

und schenken Licht.

Sie erhellen – auch mich.

Eiszeit

Weißgrau,

messerscharf, bizarr,

treiben Eisschollen,

leblos, starr.

Kaum Leben,

weit und breit,

kein Entenschnattern,

Vogelzwitschern,

nur hier und da ein

Sonnenblitzen.

Dunkles Wasser

zwischen Eisgebilden

zieht den Blick

in graue Tiefen.

Nicht verzweifeln und

nach vorne schauen

und dem Lichtschein

blind vertrauen.

SCHREIBAUFGABEN PROSA UND LYRIK

abc.etüden

Etüden sind laut Duden und anderer Nachschlagewerke Übungsstücke mit speziellen Schwierigkeiten.

Ich kenne sie aus meinem lange zurückliegenden Klavierunterricht, in dem ich mit mehr oder weniger großen Erfolgsschritten versuchte, beide Hände motorisch zu koordinieren, um melodisch den Komponisten meiner Übungsstücke annähernd gerecht zu werden.

Bei den nachfolgenden Etüden handelt es sich um Stücke, mit denen die Autorin die Bewältigung von Schwierigkeiten demonstriert.

Dazu gibt es seit Monaten bei einer Bloggerin im Internet jeden Sonntag eine Schreibaufgabe:

Drei Wörter werden vorgegeben und aus diesen drei Wörtern soll eine Kurzgeschichte mit maximal zehn Sätzen geschrieben werden. Das ist nicht immer einfach, aber durchaus eine wöchentliche Herausforderung, denn ‚In der Kürze liegt die Würze!'

Zu früh gefreut

Das **Urteil** war nun rechtskräftig und sie atmete tief durch.

In einer Stunde ging ihr Flugzeug nach Palma de Mallorca und dann hatte sie Ferien für den Rest ihres Lebens.

Sie stellte ihren schwarzen Koffer vorsichtig auf das Gepäckband am Abfertigungsschalter, ihr rotes Bordcase behielt sie fest in der Hand.

Ihr blieb noch Zeit für einen Espresso und mit einem, für die anderen kaum sichtbaren Augenzwinkern, begrüßte sie ihren Freund, der in sicherer Entfernung von ihr wartete.

Ein wenig mussten sie dieses Versteckspiel noch durchhalten, doch heute Abend schon würden sie nach einer Portion Spaghetti mit **Meeresfrüchte**n gemeinsam in der **Hängematte** liegen und sich köstlich darüber amüsieren, dass sie der deutschen Justiz wieder mal ein dickes Ei ins Nest gelegt hatten.

„Bitte, stellen Sie Ihre Tasse ab und kommen Sie in Ihrem eigenen Interesse unauffällig mit uns."

Sie erstarrte.

„Was wollen Sie von mir?"

„Es haben sich kurzfristig neue Erkenntnisse ergeben, die eine Wiederaufnahme des Verfahrens notwendig machen."

Adios, Mallorca, adios, Freiheit!

Kurerlebnisse

So richtig gefiel ihr das neue Leben noch nicht, denn das war nicht sie und es passte auch gar nicht zu ihr. Aber es währte ja erst drei Tage und konnte nur besser werden.

Achtsamkeit – ja, gut und schön, aber wenn das bedeutete, sich gar kein Laster mehr zu gönnen, nur gesund zu leben und auf so Vieles verzichten zu müssen, dann war das nicht ihr Ding.

Innerlich zwang sie sich ein wenig zur Ruhe, denn ihr Blutdruck stieg im Verlauf des Tages deutlich an und ihr Bluthochdruck war ja einer der Gründe, weshalb man sie ausgerechnet für sechs Wochen in eine psychosomatische Kurklinik geschickt hatte.

Gefahren des Rauchens, des Alkohols, der falschen Ernährung – das **verwurschtelt**e der gute Doktor da vorne am Redepult gerade zu einer größeren Katastrophe als Donald Trump und den konnte doch eigentlich niemand so leicht toppen.

Noch war sie bereit, die Kur hier in dieser Klinik zu machen, obgleich sie nicht die Frau war, die alles widerspruchslos hinnahm oder gar durch die rosarote Brille sah. Sie war auch durchaus kompromissbereit, aber wenn sie vor Ärger grün im Gesicht wurde, war nicht gut mit ihr Kirschen essen.

Rauschender Beifall beendete des Doktors Vortrag, für sie eigentlich unverständlich und zum Widerspruch reizend, und sie begab sich zu ihrer nächsten Therapie, dem autogenen Training.

Dort fiel sie so tief in die Entspannung, dass sie auf **rosa-grüne**n Wölkchen davonschwebte ...

Werdende Oma

Der freudige Gedanke, zum ersten Mal Oma zu werden, ließ sie kaum noch los.

Die werdende Mutter musste eine Litanei von Verhaltensregeln über sich ergehen lassen.

„Mama, ich bin schwanger, aber nicht krank", tönte es noch in Paulas Ohren und sie überlegte, ob ihre Mutter sie auch so mit Vorsichtsmaßnahmen bombardiert hatte, wie sie es derzeit mit Lisa machte.

Paula fluchte leise vor sich hin, denn eine Masche war ihr von der Stricknadel verloren gegangen und die zu finden und ordnungsgemäß in das **rosa-grün**e Babyjäckchen einzufädeln, erforderte ihre ganze **Achtsamkeit.**

Je krampfhafter sie sich um die Masche bemühte, desto mehr **verwurschtelt**e sie das Gebilde in ihren Händen.

Genervt betrachtete Paula das Konstrukt in ihren Händen und plötzlich tat ihr das ungeborene Enkelkind schon leid. So eine blöde Farbe – das passte doch gar nicht zusammen, rosa und grün. Nach einem Babyjäckchen sah das Ganze eigentlich auch nicht aus und Paula hatte noch keine Ahnung, wie sie kleine Ärmelchen daran stricken sollte.

Sie versuchte sich zu erinnern, wann sie das letzte Mal etwas gestrickt hatte und ihr fiel ein, dass sie sich mit Stricken in so mancher Vorlesung wach gehalten hatte.

Kurzentschlossen ribbelte sie den Babyjäckchenversuch auf, gab die Wollknäuel ihren beiden Katzen zum Spielen und zündete sich, sichtlich erleichtert, eine Zigarette an.

,Wer nicht wagt, der nicht gewinnt'

Insgeheim wusste er schon lange, dass seine kleine Detektei dem Konkurs entgegensteuerte, doch er dachte nicht daran aufzugeben – noch nicht!

Die zwei Jahre, die ihm noch bis zum Rentenalter fehlten, musste er irgendwie überstehen, damit ihn später keine weiteren finanziellen Tiefschläge ereilen würden.

Es reichte schon, dass er jetzt den Gürtel immer enger schnallen musste. Seine Frau ahnte nichts, nur Nadine, seine einzige Angestellte wusste, wie die Dinge um ihn standen.

Anstatt sich einen neuen Arbeitgeber zu suchen, denn sie war noch zu jung, um an das Rentenalter zu denken, blieb sie treu bei ihm. Er wusste um seine liebevollen, zärtlichen und ausdauernden Qualitäten und so vermutete er, dass ihr gemeinsamer und fast täglicher **Bürosex** der Hauptgrund ihres Bleibens war.

Sein Hobby, das Golfspielen, konnte er sich finanziell schon lange nicht mehr leisten, doch er frönte seinem Hobby in einem kleinen, nicht mehr benötigten Raum seiner Detektei. Ein künstlicher **Golfrasen**, den er dort ausgelegt hatte, dazu ein besonderes Licht und ein paar unerlässliche Gegenstände für besondere Momente zierten dieses intime Zimmer, in dem keine **Gebrauchsanweisunge**n für irgendetwas nötig waren. Er verbrachte seine Zeit dort mit Golfen oder mit Nadine, seiner willigen Gespielin, die auch ihm gerne alle intimsten Wünsche erfüllte.

So etwas gab Mann nicht auf, denn wer aß schon gern täglich ausschließlich Hausmannskost, wenn sich der Wunsch nach Exotik und besonderer Erotik so einfach erfüllen ließ?

Wenn Kinder spielen

Es gab nicht einen Tag, in der die Polizei nicht zu einem Unfall oder Verbrechen in die **Trabantenstadt** am Frankfurter Stadtrand gerufen wurde.

Die Anonymität in diesen Wolkenkratzern, der Zuzug von Menschen mit Migrationshintergrund und die wachsende Anzahl arbeitsloser Jugendlicher machte diesen Kiez immer mehr zum sozialen Brennpunkt.

Die Wache der zuständigen Polizei, im Volksmund schon längst nur noch Trapol (zusammengesetzt aus **Trabantenstadt** und **Interpol**) genannt, krankte an einer völlig verfehlten Personalpolitik und einem Langzeitkrankenstadt, der seinesgleichen suchte.

Auch heute rissen die Notrufe nicht ab, alle Funkwagen waren im Einsatz. Die Feuerwehr war gerufen worden, weil aus einem gekippten Küchenfenster im 9. Stockwerk Rauch austrat.

Eine Familie mit einem fünfjährigen Kind wohnte in der Sozialbauwohnung, doch niemand reagierte auf das Klingelzeichen. Gefahr im Verzug – die Eingangstür wurde aufgebrochen.

Die Beamten stürmten in die Wohnung, versuchten den Grund der starken Rauchentwicklung auszumachen und stießen im Kinderzimmer auf einen kleinen blonden Jungen, der völlig konzentriert damit beschäftig war, seinen Namen mit einer **Honigpumpe** auf den Spiegel seines Kleiderschrankes zu schreiben.

„Mama ist einkaufen. Hilfst du mir, Kakao zu kochen?", fragte der kleine Junge den verdutzten Beamten, der als Erster das Kinderzimmer gestürmt hatte.'

Grenzerfahrung

Er hatte die Orientierung völlig verloren und wusste, dass seine Überlebenschancen gleich null waren. Sein Gesicht war mit dicken Salzkrusten bedeckt, Durst, Hunger und Müdigkeit übermannten ihn, als er im Schutz einer Felswand niederkniete und sich seinem Schicksal ergab.

Mittlerweile war es dunkel geworden und die sengende Hitze in der Arabischen Wüste war einer kalten und sternenklaren Nacht gewichen. Verwundert öffnete er die Augen, schloss sie aber sofort wieder, als er in das gleißende Licht eines Feuers blickte.

Er konnte sich nur an **Bruchstücke** erinnern.

Seine Gruppe hatte er verloren, er hatte keinerlei Vorräte mehr, Hunger und Durst machten ihn fast besinnungslos und doch fühlte er sich plötzlich geborgen und nicht mehr alleine.

Neben ihm saß eine junge wunderschöne Frau, deren dunkle Augen unentwegt auf ihm ruhten und deren rechte Hand ihm immer wieder neu die ausgetrockneten Lippen mit einem weichen Schwamm befeuchteten.

Der klare Nachthimmel über ihnen lud zu einer **Sternenwanderung** ein, das Tor zwischen Tag und Nacht zu passieren und sich ganz der Natur und seiner Schönheiten hinzugeben.

„Komm", sagte sie leise zu ihm, zog ihn mit der Leichtigkeit einer Elfe an beiden Händen hoch und hinter sich her. Das Feuer der Nacht ließ ihr weißes Gewand **fliederfarben** leuchten und war ihm die einzige, aber sichere Orientierung auf diesem Weg.

Der Brautstrauß

Annamaria liebte alle Farbtöne von **fliederfarben** bis dunkellila. Und sie liebte es, Hochzeiten zu feiern, denn tief in ihrem Inneren erhoffte sie, ihren Traummann bei einer Hochzeitsfeierlichkeit zu treffen und zu erobern.

Zur Hochzeit ihrer Freundin Svenja trug sie ein zart fliederfarbenes Etuikleid und einen dunkellila Hut, Handtasche und Schuhe passten selbstverständlich farblich zum Hut.

Hochzeit feiern war für sie wie **Sternenwandern** und sie freute sich ganz besonders, dass sie bei Svenjas und Marcs Hochzeit singen durfte, all das, was sie sonst berufsmäßig bei Hochzeiten zum Gelderwerb sang. Bei dieser Feier, mitten im Wonnemonat Mai, war sie zweihundertprozentig dabei und holte alles aus ihrer mitreißenden Stimme heraus.

Die Zuhörer hingen wie gebannt an ihren Lippen, selbst der sie begleitende Pianist konnte seine Augen nicht von ihr lassen.

Nachdem der Applaus verklungen war, starrte sie wie gebannt auf Svenja, die sich anschickte, den Brautstrauß mit den lila Freesien und den cremefarbenen Rosen, lila gerändert, in die Menge zu werfen.

Von da an bekam Annamaria nur noch **Bruchstücke** mit, denn sie starrte fassungslos auf den Brautstrauß in ihren Händen. Und wo war er, der Mann ihrer kühnsten Träume?

Er musste hier in der Menge sein, daran glaubte sie ganz fest, denn wenn der Brautstrauß erst einmal da war, konnte der passende Mann dazu nicht weit sein.

Erkenntnis

Es war zum Verrücktwerden - der Zeiger der Uhr rannte vorwärts und er stand immer noch vor seinem Kleiderschrank und betrachtete seine **Habseligkeiten,** von denen nur ein verschwindend kleiner Teil das Passende für eine Beerdigung war.

Was war nur aus ihm geworden! Sein Bauch hatte die Form einer **Murmel** angenommen, er war auseinandergegangen wie ein Hefekuchen.

Er wusste auch warum! Seitdem er das Rauchen aufgegeben hatte, brauchte er seine Ersatzbefriedigung und die gönnte er sich häufig in Form einer Tafel Schokolade.

Das konnte so nicht weitergehen, aber nun musste er etwas finden, was ihn heute und für die kommenden paar Stunden für eine Beerdigung tauglich aussehen ließ.

Und dann hatte er die rettende Idee. Auf dem Dachboden hatte er noch Hosen aus einer früheren Zeit, als sein Körpergewicht dem jetzigen ähnlich war und dort wurde er fündig.

Als er sich eine Stunde später im Spiegel betrachtete, fand er sich ganz passabel, zumindest für den bevorstehenden Anlass.

Im Spiegel des Schrankes entdeckte er den **Zaunkönig** auf der Fensterbank, der ihn scheinbar die ganze Zeit betrachtet hatte, als wollte er sagen: Ihr habt Sorgen!!!

Schicksal

Offensichtlich war der **Zaunkönig** blind. Er verwechselte etwas Nahrhaftes mit einer kleinen bunten **Murmel** und mühte sich vergeblich ab, sie in seinem Schnabel festzuhalten. Wie gut, dass er keine weiteren **Habseligkeiten** besaß.

Die Bibliothek

Da hatten sich die Alten ja was ganz Feines ausgedacht, nur weil er mal eine unerlaubte Spritztour mit der Familienkutsche unternommen und eine Beule in den Kotflügel gefahren hatte.

Was interessierte ihn die Bibliothek seines alten Herrn mit den unzähligen verstaubten **Bücher**n, die er nun entstauben und neu ordnen sollte?!

Er war ein Junge seiner Generation, der **Bücher** langweilig fand und lieber mit seinen Freunden abhängen wollte.

Was interessierten ihn die Tagebücher von Franz Kafka oder Goethes Faust?

Beim Durchblättern stellte er sehr schnell fest, dass ihm die Sprache des Herrn Geheimrat Goethe überhaupt nicht lag, ja, nicht einmal für ihn verständlich war und er fragte sich, wie Leute so etwas überhaupt lesen konnten.

Dazu fehlten ihm die elterlichen Gene, die Lust auf Lesen generell, das Interesse an Literatur und vor allem die **Geduld.**

Sein WhatsApp Messenger piepte und er las eine Frage seiner Clique: ‚Können wir heute noch mit dir rechnen?‘

‚Sorry, hab heute keinen Bock. Ich muss mich für meinen Leistungskurs Deutsch vorbereiten, ich schreibe Mittwoch Klausur.‘

Das hörte sich doch weit besser an, als den Stubenarrest und die Strafarbeit, die Bibliothek des Vaters aufzuräumen, einzustehen.

Zufrieden steckte er sich ein Stück **Schokolade** in den Mund, setzte sich an den Schreibtisch seines Vaters und schlug Kafkas Tagebücher Bd. 1 von 1909-1912 auf...

Bringen Scherben Glück?

‚Wie ungeschickt von mir!' Sie starrte mit zusammengebissenen Lippen auf ihre rechte Hand, von der drei kleine Rinnsale tiefroten Blutes in den frisch gefallenen **Schnee** tropften und eine Linie wie einen ‚Roter Faden' hinterließen. Sie hatte in der Vorfreude, die erste Liebe ihres jungen Lebens zu treffen nicht bemerkt, wie krampfhaft sie die beiden **Rotwein**gläser in ihre Hand gepresst und somit eines der beiden zerdrückt hatte. Er war noch nicht zu sehen. Mit dem Fuß schob sie die Scherben des zerbrochenen Glases an die Hauswand, darum würde sie sich später kümmern. Das zweite Glas war heil geblieben und das stellte sie zusammen mit der **Rotwein**flasche neben den Eingang des kleinen **Buchladen**s, vor dem sie verabredet waren.

Der Inhaber, ein Georg-Wilsberg-Typ, leistete vorbildlich Erste Hilfe, zog drei kleine Glassplitter vorsichtig mit der Pinzette aus dem verletzten Handrücken und verband ihr die schmerzende Hand.

„Ich kümmere mich später um die Scherben. Lassen Sie ihre Verabredung nicht warten."

„Danke für alles", hauchte sie mit hochrotem Kopf und einem erwartungsvollen Glänzen in den Augen und eilte zur Tür.

Fast wäre sie mit einem jungen Mann zusammengestoßen, der in der linken Hand eine Weinflasche und in der rechten ein halb vollgegossenes **Rotwein**glas hielt und sie mit einem warmen Lächeln begrüßte.

Wider alle Vernunft

Alle hatten ihn gewarnt, doch er hatte ihre Bedenken in den Wind geschlagen. Er wusste es einfach besser. Sie war es, sie und keine andere und das würde er allen beweisen. Die **Stille** im Saal begann laut zu werden und legte sich wie rauschende Watte um seine Ohren. Etwa hundert Augenpaare starrten ihn an und warteten darauf, dass er etwas sagte oder etwas unternahm, um die kaum zu ertragende Stille zu durchbrechen.

Seine Hände schwitzten und der **Rosenstrauß** in seiner Hand fühlte sich feuchtwarm an. Eine tiefrote Rose ließ bereits den Kopf hängen.

„Marina, Geliebte, willst du mich heiraten?"

„Ich will schon, geliebter Gerald, aber ich bin bereits verheiratet und das sogar sehr glücklich."

„Du blöder **Narr**, wusste ich es doch!", rief eine tiefe Stimme aus dem Publikum und der Vorhang senkte sich zum Ende des dritten und letzten Aktes.

Erinnerung

Sie hielt sich die rechte **Hand** über die Augen und folgte dem Sonnenball, wie er auf seiner winterlichen Umlaufbahn kaum merklich tiefer und tiefer sank.

Ein leichter **Wind** wehte durch ihre kupferfarbenen Locken, die im Schein der untergehenden Sonne wie ein kleiner Teppich, geflochten aus **Gold**, leuchteten.

Wie oft hatte sie mit ihrem Mann an dieser Stelle gestanden, immer wieder neu fasziniert vom vielfältigen Schauspiel der Natur. Tränen stiegen ihr in die Augen, füllten sie bis zum Rand und rannen in kleinen glitzernden Rinnsalen über ihre Wangen.

Sie weinte einer großen Liebe nach, die der Tod viel zu früh brutal zerrissen hatte.

Karel

Immer wieder gab Karel ihr Rätsel auf und war eine harte Nuss, die sie zwar gerne knacken wollte, aber nicht konnte. Er hatte sie mit seinem **Moped** am U-**Bahnhof** abgesetzt und war mit quietschenden Reifen davon gefahren.

Dabei konnte er sich doch mittlerweile in seinem Beruf und bedingt durch seine gehobene Stellung ein Traumauto leisten.

Wie in jedem Jahr war die Stadt auch in diesem August voller Touristen, die Innenstadt **Prag**s platzte fast aus den Nähten. Das Wetter zeigte sich von seiner besten sommerlichen Seite und die Studenten nutzten die Semesterferien, um sich ihr Taschengeld durch ihre Kunststücke, musikalische Darbietungen oder als Reiseführer ein wenig aufzubessern.

Manche waren so talentiert, dass sie sogar im Zirkus auftreten konnten. Auch Karel hatte diese lieb gewonnene Gewohnheit aus seiner Studienzeit beibehalten.

Sie beeilte sich, um rechtzeitig da zu sein, wenn er mit Hannah seinen großen Auftritt hatte. Oder nagte doch ein Quäntchen Eifersucht an ihr, wenn sich der Gedanke einschlich, dass Hannah und er mehr als ein Künstlerpaar waren? Sie kämpfte sich durch die große Menschenmenge, um einen guten Platz zu bekommen, auf dem sie nichts übersehen würde...

Leidenschaften einer Königin (1)

„**Backerbsen**, immer wieder **Backerbsen**", schimpfte die Küchenfrau am königlichen Hofe vor sich hin. „Als gäbe es nichts anderes! Graupen, rote Linsen, weiße Bohnen und so vieles andere wäre doch ebenso eine Suppenperle, aber nein, die herrschaftliche Dame wünscht **Backerbsen**, sie soll sie haben!"

Die **Königin** war eine verhärmte alte Regentin geworden, die einfach nicht abtreten wollte, um die letzten Jahre ihres Lebens ohne jegliche Regierungsverpflichtung zu genießen. Sie hatte Kinder, die vorbereitet waren, in ihre Fußstapfen zu treten, aber die Königin hielt das Zepter fest und beharrlich in der Hand.

Ihre Kinder machten sich derweil ein schönes Leben, reisten um die Welt, die Tochter von ihrer Tauchleidenschaft um die **Korallenriff**e der Welt getrieben, der Sohn als Kletterer in den höchsten Höhen des Himalaja.

„Lass sie doch", besänftigte die Köchin die Küchenfrau. „Wenn es ihr doch schmeckt?! Sie ist der Ansicht, **Backerbsen** schützen vor geistiger Verkalkung. Viel mehr machen mir die beiden Möpse der **Königin** Sorge, denn sie gehen von den vielen Leckerli auseinander wie zwei Hefeklopse und das, wo sie ohnehin schon schwer nach Luft schnappen."

Leidenschaften einer Königin (2)

Am nächsten Morgen begab es sich, dass die **Königin** nicht aufstehen konnte, so schlecht ging es ihr. Flatulenzen hatten ihr in der Nacht völlig die Ruhe gestohlen und selbst die beiden Möpse, deren Nachtlager das Fußende des königlichen Bettes waren, wirkten sehr verstört.

Der Hofarzt eilte besorgt herbei, denn das Alter der **Königin** war nicht unbedenklich.

Nach gründlicher und eingehender Untersuchung beschloss der Hofarzt, den Speiseplan der **Königin** vollkommen zu verändern und besprach sich mit der Köchin und dem Küchenpersonal bei einer Tasse starkem Kaffee und einem Stück frischem Butterkuchen.

„Der Speiseplan der Königin muss ab sofort völlig umgestellt werden. Kocht ihr Gemüse, alles, was es frisch auf dem Markt gibt, und richtet es so an, dass es wie ein buntes **Korallenriff** aussieht. Dazu gibt es Kartoffelbrei. Diese elenden **Backerbsen** und auch andere Hülsenfrüchte sind zukünftig gestrichen, die schaden der **Königin** nur."

Das Küchenpersonal konnte sich ein Grinsen nicht verkneifen. Die Königin wurde somit konsequent auf Diät gesetzt (heute sagt man Trennkost dazu) und auch den beiden Möpsen bekam die Umstellung auf kalorienärmere Kost sehr gut, sodass sich bald alle wieder der uneingeschränkten Gesundung ihrer Majestät und ihrer Möpse erfreuen konnten.

Berufung

Als **Galerist** hatte er versagt, komplett. Seine Bilder trafen nicht den Zahn der Zeit, sie hingen und standen überall herum und eine leichte Staubschicht machte sich auf ihnen breit.

Doch er hatte die rettende Idee.

Nachdem er den Kurs „Die Kunst des Schreibens" erfolgreich absolviert hatte, packte ihn der Ehrgeiz.

Sein erster Kriminalroman floss ihm nur so aus der Feder.

Die Charaktere, erst eine diffuse Idee, nahmen Formen an, die Handlung erfüllte Raum und Zeit.

Sein **Lektor** war bisher sehr zufrieden mit ihm.

In seinen kühnsten Träumen sah er sich nach einer Buchlesung vor einem begeisterten Publikum als neuer aber erfolgreicher Krimiautor am Tisch sitzen und mit seinem Füller die gekauften Bücher signieren.

Dazu war er geboren, das war seine Berufung. Das war seine **Rettung**.

Der innere Schweinehund

Er graulte sich vor dem Samstagnachmittag.

Zwei Stunden saß er im **Beichtstuhl** fest, in dieser engen und düsteren Kabine mit der muffigen Luft, in der er sich wegen seiner Leibesfülle kaum bewegen konnte.

Und da ohnehin niemand kam, der ihm sein Herz ausschütten, und um das Sakrament der Barmherzigkeit bitten würde, hatte er Zeit genug, über seine eigene **Verwandlung** nachzudenken, wenn...

er nicht so träge wäre …

er nicht so gern essen würde …

er nicht so gern am Abend ein Weinchen oder auch ein Bierchen trinken würde …

Wenn … , diese wenn-Liste ließ sich beliebig fortsetzen.

Er seufzte. Die Messe war gelesen, der innere Schweinehund grinste ihn wieder einmal triumphierend an.

Den Spitznamen ‚**Knutschkugel**' würde er wohl mit in sein XXL-Grab nehmen.

Neubeginn

Sie hatte große Lust weg zu **gehen**, egal wohin.

Jeder **Monat** der hier verging, war reine Zeitverschwendung, schal und öde, ohne Perspektive und ohne Zukunft.

Um sie herum hatte sich alles verändert. Die Naturgewalten hatten wieder einmal zugeschlagen, noch unerbittlicher, zerstörerischer und unheilvoller als in den vergangenen Jahren. Was sollte sie hier noch, hier, wo niemand mehr da war, der ihr nahe stand?

Ihre Familie war tot, ertrunken in den reißenden Fluten des Monsun und ihre wenige Habe war weggeschwemmt worden.

Sie besaß nur noch das, was sie am Leib trug und damit würde sie sicher nicht weit kommen.

Aber woanders hätte sie vielleicht eine Möglichkeit, eine Bleibe zu finden oder etwas Geld zu verdienen, wenn auch in **fragwürdig**en Gewerben.

Sie musste es versuchen … .

Mit einem letzten Blick aufs Meer und einem stummen Gruß an die Toten begann sie ihr neues Leben, das sie wenigstens versucht haben wollte...

Seelische Gesundheit

Sie hatte sich auf diesen heutigen 10. Oktober, dem Internationalen Tag der seelischen Gesundheit vorbereitet.

Seit Jan gegangen war, hatte sich Woche um Woche ausgemistet, sicherlich ist dabei ein ganzer **Monat** ins Land gegangen. Ihre kleine gemütliche Wohnung war aufgeräumt, frisch renoviert und geputzt und bot ihr eine kleine stille Oase inmitten der Großstadt.

In ihrem Inneren hatte sich das Gefühl der von vorn herein **fragwürdige**n Beziehung zu Jan so gefestigt, dass sie diese harte Nuss, seit langem von allen Seiten betrachtet, nun knacken musste. Denn was nützte ihr ein schönes Drumherum, ein Refugium zum Wohlfühlen, wenn die Dornen in ihrem Inneren piekten und sie ständig neu verletzten?

Ruhe für ihr Inneres, Aufarbeitung und die innere Mitte finden, das waren ihre nächsten Programmpunkte und mit Sicherheit die härtesten. Aber sie hatte sich soweit wieder gefangen, dass sie diesen Weg in Angriff nehmen konnte.

Pah, sie hatte doch schon andere Dinge gemeistert und würde wegen einer gescheiterten Liaison mit einem Mann ihr restliches Leben doch nicht in Gefahr bringen!

Es klingelte, das bestellte Taxi war da und es wurde Zeit zu **gehen.** Vier Wochen Urlaub auf einer kleinen Insel an der Nordsee, mit Wellness und seelischen Hausputz, das würde ihr guttun und ihr inneres Gleichgewicht wiederherstellen.

Zoff in Windelbach

Die Bewohner von Windelbach trauten ihren Ohren nicht, als der Bürgermeister das Mikrofon ergriff und verkündete, dass die 2000-Seelen-Gemeinde bald **Zweibrücken** heißen würde.

„**Verdammt** noch einmal, Bürgermeister, was ist das denn für ein Schwachsinn!?", fragte der Pfarrer der Gemeinde und wischte sich den Schweiß von der Stirn, denn die Stimmung im Festzelt war recht aufgeheizt und der goldene Oktobertag mit weit über zwanzig Grad tat sein Übriges.

„Das ist wohl ein Scherz zum Oktoberfest", rief der Schuldirektor dem Pfarrer zu und hob mit einer vertraulichen Geste den Bierkrug, um dem Herrn Pfarrer zuzuprosten. „Das ist ganz und gar kein Oktoberfestscherz", bestärkte der Bürgermeister mit einer scheinbar **grenzenlos**en Ruhe und einer Geduld wie ein Schaukelpferd, und blickte dabei fest in die Runde der Anwesenden. Die Bewohner von Windelbach schauten sich an, flüsterten einander etwas zu und es schien, als fingen sie an, die Bürgermeisterworte ernst zu nehmen.

„Und was soll dieser **verdammt**e Quatsch? Seit den ersten Anfängen dieses Ortes vor gut dreihundert Jahren heißt er Windelbach und unsere Vorfahren haben sich damit einen Namen gemacht. Schließlich leben wir hier von der Tradition unserer Vorfahren, denn unser Wein heißt „Der Windelbacher" und nicht der „Zweibrückener", und so wahr, wie ich Erwin Walter heiße, bleibt das auch so."

Doch der Bürgermeister ließ sich nicht beirren und erklärte geduldig, dass mit der zweiten, eben erst eingeweihten Brücke über die Mosel der Anfang zu einem neuen Zeitalter, dem Wellnesszeitalter in Windelbach, bald **Zweibrücken**, beginnen würde und das würde er forcieren, solange er im Amt sei. Und innerlich schmunzelte er **grenzenlos**, denn mit seinen finanzkräftigen Gönnern würde er noch sehr lange im Amt bleiben.

Als die Etüden in eine kurze Sommerpause gingen, gab es als Übergang ein Etüdensommerpausenintermezzo sowie **Drabble, Double-Drabble** *und* **Triple-Drabble**. *Neugierig geworden?*

Aus den folgenden Wörtern soll eine Geschichte geschrieben werden, egal, wie lang.

Es müssen alle Wörter verarbeitet werden und Regen soll eine zentrale Rolle spielen.

Badelatschen, hitzefrei, Höhenfeuer, Liegestuhl, Qualle, Qualm, Schwimmflügel, Sommersprossen, Ventilator, Wassermaler

1. Urlaubsfeeling

Die Freude über das Zeugnis der 14-jährigen Tochter hielt sich arg in Grenzen. Petra tröstete sich mit dem Gedanken, dass sie selbst als Pubertierende andere Flausen im Kopf gehabt hatte als die Schule und sich das bei ihr auch von alleine gegeben hatte – irgendwann.

Sie wischte sich den Schweiß von der Stirn, knipste den **Ventilator** an und betrachtete das Sammelsurium von Wäsche auf dem Bett, das sie nun in zwei Koffern verstauen musste.

Die von der Schule gestresste Tochter Vanessa lag immer noch in aller Ruhe im **Liegestuhl** im Garten, wippte mit den Füßen offenbar nach den Klängen ihrer grauenhaften Musik, die sie sich über Kopfhörer in die Gehirngänge dröhnen ließ, anstatt ihre Reisetasche zu packen.

Sohnemann Paul, das Nesthäkchen mit den unzähligen **Sommersprossen** im zarten Gesicht, betrachtete mit wachsendem Interesse die Nacktschnecken auf dem Rasen, denn die ständigen Schauer hatten diese braunen Schleimmonster zu ausgiebigen Völkerwanderungen animiert.

Petra setzte alle Hoffnung auf ihren Gatten, der sicher bald käme und ihr tatkräftige Unterstützung beim Packen leisten würde.

„Bin daaaaaa!", ertönte es plötzlich an der Eingangstür und Christians Kopf erschien kurz in der Schlafzimmertür.

„Schön, dass du schon da bist. Ich ...". Weiter kam sie nicht.

„Ich habe mir selbst **hitzefrei** gegeben, diese Schwüle hält ja niemand aus. Sei nicht böse, ich springe mal kurz in den Pool und dann lege ich mich ein Stündchen hin, ja?"

Und schon war er wieder weg. Petra seufzte. ‚Wir wollen ja nur morgen früh an die Nordsee fahren und es ist noch nichts gepackt'. Sie war mal wieder der Dödel vom Dienst, was scheinbar niemanden interessierte.

„Mama, warum zickt Vanessa so rum? Sie sagt, ich kann gar nicht schwimmen und in der Nordsee verbrennt man sich", fragte Sohnemann Paul mit weinerlicher Stimme.

„Wenn du deine **Schwimmflügel** anhast, schwimmst du schon ganz gut. Und wieso solltest du dich verbrennen?"

Petra nahm ihren Jüngsten in den Arm und strich ihm behutsam über die blonden Locken.

„Sie sagt, da sind so komische Tiere, die verbrennen einen."

„In der Nordsee gibt es Feuer**quallen**. Man sollte sie nicht unbedingt anfassen, das könnte auf der Haut brennen. Aber zu dieser

Jahreszeit halten sie sich meist in der Tiefe auf und du brauchst keine Angst haben."

‚Das kleine Luder! Immer muss sie Paul Angst machen.'

Petra wappnete sich innerlich, um mit ihrer Großen ein Wörtchen zu reden, als sie einen Aufschrei aus dem Garten hörte. Es hatte ganz plötzlich wieder angefangen zu regnen und Vanessa war mit ihren neonfarbenen **Badelatschen** offenbar im feuchten Gras ausgerutscht und lag in voller Länge im Gras.

„Hast du dir wehgetan"?, fragte Petra vom Fenster aus und blickte ihre Tochter skeptisch an.

„Keine Ahnung"!, war die knappe Antwort.

Es donnerte. Petra musste lächeln, als sie beobachtete, wie Vanessa und Christian in Windeseile ihre „sieben Sachen" packten und schnell ins Trockene eilen wollten.

Christian hatte sich gerade eine Zigarette angezündet, der **Qualm** zog kerzengerade zum Schlafzimmerfenster empor. Nun musste er sich entscheiden, nass im Regen zu rauchen oder den Glimmstängel angesichts des häuslichen Rauchverbotes auszumachen.

Paul schaute angestrengt in den tiefgrauen Himmel.

„Kommt gleich ein **Höhenfeuer**?", fragte er Petra und blickte sie gespannt an.

„Du meinst sicher einen Blitz, oder?"

„Ja, das Wort war mir nicht eingefallen." Paul strahlte sie an.

„Wann gibt es etwas zu essen?", maulte nun auch Vanessa.

Petra platzte fast der Kragen. Sie lief die Treppe nach unten, blickte sowohl ihren Mann als auch ihre Tochter an.

„Es gibt dann etwas zu essen, wenn jeder von euch seinen Koffer gepackt hat und etwas kocht, den Pizzaservice bestellt oder anderweitig etwas zu Essen organisiert. Klappt das nicht, könnt ihr morgen früh alleine an die Nordsee fahren. Dann mache ich nämlich Urlaub von der Familie. Und nun werde ich mit Paul den ‚**Wassermaler**' beobachten und mir ansehen, welchen Teil unseres Gartens er dieses Mal überschwemmt!"

2. Der Wassermaler

Die Zeichen standen auf Sturm, im wahrsten Sinne des Wortes.

Schwarze Gewitterwolken hatten sich gefährlich um die Bergwipfel gelegt und ein kühler Wind pfiff durch das Tal.

Clarissa, Leonie und Marie standen vor der Hütte und blickten stumm zum Himmel empor.

„Kommt, lasst und hineingehen, der Wind frischt auf." Leonie zog sich ihre Jacke enger um den Oberkörper, kehrte den anderen den Rücken zu und ging zielstrebig zur Hütte.

„Na, wie sieht es aus?", fragte Ele, die in der Hütte geblieben war und bereits den Tisch für das Abendessen gedeckt hatte.

„Ich fürchte, ein schlimmes Unwetter kommt auf uns zu. Hoffen wir, dass es uns nicht den morgigen Tag verhagelt", antwortete Leonie etwas unwirsch. Die vier Schulfreundinnen hatten sich nach der gemeinsamen Schulzeit in alle Winde verstreut, doch zum 1. August, dem Nationalfeiertag der Schweiz, trafen sie sich jedes Jahr für drei Tage in der schmucken Berghütte, die Leonie von ihren Eltern geerbt hatte.

Und jedes Jahr hatten die Vier sich unendlich viel zu erzählen.

Unweit der Hütte war ein kleiner See, mit einer Farbe, die an leuchtende Smaragde erinnerte. Man erzählte sich, dass viele Jahre lang ein **Wassermaler** um den Feiertag herum zu diesem See kam und stundenlang vor diesem herrlichen Geschenk der Natur saß und den See vor der gewaltigen Kulisse der Schweizer Alpen malte. Dabei gelang es ihm, die zeitlich verschiedenen Sonnenstände und deren Lichtreflexe im See farblich so gekonnt einzufangen, dass der Erlös seiner verkauften Bilder ihm etwa ein Jahr lang ein sorgenfreies Leben ermöglichte.

Wenn er seine Bilder fertig hatte, blieb er meist noch ein paar Tage und wohnte in einem kleinen Zelt. Tagsüber lag er oft stundenlang in seinem **Liegestuhl** und döste oder las. Er ernährte sich überwiegend von selbst geangelten Fischen.

Niemand wusste, woher er kam und – was noch schlimmer war – was aus ihm geworden war, denn der **Wassermaler** kam schon seit drei Jahren nicht mehr.

Eines Tages hatten zwei Buben des **Wassermaler**s **Badelatschen** vor seinem leeren Zelt gefunden, der **Wassermaler** jedoch war weit und breit nicht zu sehen. Sie hatten ihren Eltern etwas von ‚**hitzefrei**' erzählt, doch in Wahrheit hatten sie einfach die Schule geschwänzt, um sich einen netteren Vormittag am See zu gönnen.

Sie hatten an alles gedacht, was zwei Jungen den Ausflug an den See verschönern sollte. Der Jüngere war noch kein sicherer Schwimmer und so hatte er zwei **Schwimmflügel** und eine lila **Qualle** aus Plastik zum Festhalten eingepackt.

Er war ein Blondschopf, mit **Sommersprossen** über das ganze Gesicht verteilt, und hatte schon Holz gesammelt, während der andere bereits die Angel fertig machte, in der Hoffnung, zwei große Forellen zu fangen.

Vom **Wassermaler** selbst fehlte jede Spur. Nur ein kleiner Rest von **Qualm** über einem noch glimmenden Feuer deutete darauf hin, dass er wahrscheinlich vor nicht allzu langer Zeit hier gewesen war.

Die Polizei hatte weiträumig alles abgesucht, auch Taucher hatten im See vergeblich nach ihm gesucht – der geheimnisvolle Fremde blieb verschwunden. Die wenigen Habseligkeiten des Malers wurden in die Asservatenkammer der Polizei gebracht, wo sie weiterhin ein freudloses Dasein fristeten.

Mitten beim Abendessen krachte der Donner durch die Bergwelt und Blitze zuckten grell durch die Wolkendecke. Der Regen prasselte unerbittlich auf die kleine Hütte und ein Sturm heulte um das Haus.

„Alleine würde ich hier verrückt werden! Gut, dass ihr alle hier seid. Auf uns!" Leonie hob erwartungsvoll das Rotweinglas und blickte ihre Freundinnen lächelnd an. „Prosit!" – „Zum Wohl!" – „Schön, dass es euch gibt!"

Ein heftiges Klopfen an der Tür unterbrach jäh die Trinkpause der jungen Frauen.

Erschrocken blickten sie einander an.

„Habt ihr das auch gehört?", fragte Marie mit einem ängstlichen Blick in Richtung Tür.

Das Klopfen wurde energischer.

Nur das Surren des **Ventilator**s durchschnitte die plötzlich still-zustehende Luft.

Leonie stand auf, legte mit einem warnenden Blick zu den anderen den Finger an die Lippen und bedeutete den Mädchen still zu sein.

Hinter der Tür fragte sie mit fester Stimme: „Wer ist da?"

„Bitte lassen Sie mich hinein, ich bin vom Regen völlig durch-nässt und brauche Hilfe", antwortete eine tiefe Männerstimme von draußen.

Die Mädchen hatten sich inzwischen leise hinter Leonie versammelt, bewaffnet mit sämtlichen Gegenständen, die im Zweifelsfalle ein blitzschnelles Zuschlagen ermöglicht hätten.

Leonie öffnete die Tür und blickte in zwei dunkelbraune Augen, die unruhig flackerten und eine graue Haarmähne, die bis zu den Schultern reichte und tropfnass war.

„Danke, vielen Dank."

Der Fremde hatte sich zielstrebig an Leonie vorbei geschoben und stand nun drei weiteren Frauen gegenüber, die ihn anstarrten, als sei er der Wettergott persönlich.

„Es tut mir leid, Sie zu stören, aber ich wusste nicht wohin. Das Unwetter hat mich völlig überrascht. Mein Name ist übrigens Michael."

Michael blickte verschämt unter sich und beobachtete die Pfütze, die sich kontinuierlich unter ihm ausbreitete.

„Kommen Sie!" Leonie hatte als Erste von allen ihre Sprache wiedergefunden und zog ihn ins Badezimmer.

„Nehmen Sie eine heiße Dusche, ich bringen Ihnen etwas Trockenes zum Anziehen. Sie holen sich Ja sonst den Tod."

Kurze Zeit später saß Michael in einem flauschigen Bademantel, umringt von vier jungen Frauen und trank einen heißen Grog.

„Ich weiß gar nicht, wie ich Ihnen danken soll. Obwohl ich schon mehrfach hier am See war, hatte ich plötzlich die Orientierung verloren und bin eine ganze Weile in Panik herumgelaufen, weil ich nicht mehr so richtig wusste, wo ich bin. Aber das hat ja wohl alles damit zu tun, mit damals ...". Sein Blick wurde starr und schien ganz nach innen gerichtet zu sein.

„Was meinen Sie mit damals?", fragte die sonst meist stille Clarissa. Michael blickte sie lange an. Dann begann er zu erzählen – eine Geschichte, die haarsträubender nicht hätte sein können.

Er war der verschollene **Wassermaler**. Als er vor drei Jahren hier gewesen war, wollte er noch über den ersten August bleiben, um die **Höhenfeuer** auf den Berggipfeln nicht zu verpassen.

In der Nacht wurde er brutal überfallen. Es waren mehrere, stark alkoholisierte Männer, die ihn halb totgeschlagen hatten.

In einem Krankenhaus in Zürich war er nach mehreren Wochen auf der Intensivstation und nach einem zweijährigen Koma wieder aufgewacht. Seitdem war er ununterbrochen damit beschäftigt, seine Erinnerung zurückzugewinnen und sein in etliche Scherben zerfallenes Leben wie ein Puzzle wieder zusammenzufügen.

3. Schicksalsschläge

So konnte es auf keinen Fall weitergehen.

Ihr Lieblingsplatz war der Sessel am Fenster geworden, doch obgleich sie in den Garten hinausstarrte, sah sie nichts. Ihre

Augen waren blind vor Tränen, ihre Stimme stumm vor Schmerz und ihre Gefühle durch den Schock wie eingefroren.

Der Regen, der seit Tagen ohne Unterlass fiel, hatte ihren Keller geflutet und die Utensilien aus den Regalen geschwemmt. Wenn der Regen nicht aufhörte, säße sie bald mit nassen Füßen in ihrem Sessel am Fenster. Auch das war ihr egal .

Jeder **Wassermaler** hätte vor Freude seinen Pinsel gezückt und die Kellerbilder gern als abstrakte Kunst für die Nachwelt auf die Leinwand gebannt.

Seitdem es passiert war, nahm sie ihre Außenwelt kaum noch wahr. Immer wieder spulten sich die Geschehnisse düster und unheilvoll vor ihrem inneren Auge ab. Sie wollte schreien, aber ihre Kehle gab keinen Ton frei, als seien ihre Stimmbänder gar nicht mehr vorhanden.

Wie lange war es her? Vier Wochen? Sechs Wochen?

War das überhaupt noch wichtig?

Clarissa war aus der Schule gekommen, sie war gerannt und ihr blonder Pferdeschwanz hüpfte zeitgleich mit ihrem kleinen aufgeregten Herzen um die Wette.

„Mamaaaaaa, wo bist du? Wir haben **hitzefrei** bekommen! Gehen wir baden?" Lisa blickte in das vor Aufregung glühende Gesicht ihrer Tochter. Selbst Clarissas unzählige **Sommersprossen** leuchteten wie kleine Sterne.

„Pack deinen Rucksack, ich mache uns etwas zu essen und dann fahren wir los!"

Die Gärtnerei musste am heutigen Nachmittag mal wieder ohne ihre Chefin auskommen. Lisa führte zwei kurze Telefonate und freute sich, dass sie sich immer wieder hundertprozentig auf ihre beiden Angelstellen verlassen und sich für Clarissa den einen oder anderen Nachmittag freischaufeln konnte.

Clarissa hatte ihren kleinen Rucksack schnell gepackt. Den Badeanzug hatte sie bereits an, die **Badelatschen** und die **Schwimmflügel** hatte sie zusammen mit einem Handtuch in ihren kleinen Rucksack gestopft und ihr **Liegestuhl** für Kinder war ohnehin mit dem für ihre Mutter seit Längerem im Kofferraum.

Wer unmittelbar in Ostseenähe wohnt, kann sich besonders im Sommer glücklich schätzen.

Lisa liebte die kleine verträumte Bucht, in die sich kaum Touristen verliefen. Unter den Einheimischen galt sie als der heiße Tipp, wo man noch unter sich war.

Niemand war bisher da, Clarissa und Lisa hatten die kleine Bucht ganz für sich.

Nachdem Clarissa von Kopf bis Fuß mit Sonnenmilch eingeschmiert war, ihre **Schwimmflügel** wie zwei neonfarbene **Quallen** an ihren Oberarmen leuchteten, hüpfte sie vergnügt ins Wasser.

„Bleib bitte ganz vorne, ja?“

„Aber sicher, Mama, das musst du mir nicht immer wieder sagen.“

Lisa nahm sich eine Zeitschrift aus der Tasche, stellte ihren kleinen mit Batterien betriebenen Mini**ventilator** an und vertiefte sich in den neuesten Promiklatsch. Sie musste eingeschlafen sein. Sand klebte auf ihrem eingecremten Körper und gab ihr das Empfinden, ein Fischstäbchen zu sein. Plötzlich setzte sie sich ruckartig auf.

„Clarissa!“ Nichts.

Hektisch blickte Lisa um sich. Clarissa war nirgendwo zu sehen.

Lisa sprang auf, rannte den kleinen Strand der Bucht entlang und blickte sich angestrengt nach allen Seiten um – keine Spur war von Clarissa zu sehen. Sie schrie sich die Lunge aus dem Hals, rannte, als sei der Leibhaftige hinter ihr her, bis sie jäh stoppte und auf das Meer hinausstarrte. Etwas in einem knalligen Orange war auf dem Meer zu sehen, als wippe es auf und ab.

Lisas Geschrei hatte zwei junge Männer herangelockt, die die Situation sofort erfassten und sich in die Fluten stürzten. Sie brachten den kleinen leblosen Körper an Land und taten alles, um ihn ins Leben zurückzuholen – vergeblich. Clarissa war tot.

An diesem Tag starb auch Lisa. Jegliche Lebensfreude war aus ihrem Körper entwichen, sie konnte nicht begreifen, was geschehen war und die Last der Schuld fraß sich tief und unauslöschlich in ihre Seele. Die Sehnsucht nach ihrer Tochter beherrschte Lisas Gedanken.

Sie wollte nicht mehr leben.

Die Nachbarn auf der anderen Straßenseite sahen den **Qualm** zuerst und rochen den Benzingeruch, der sich bis über die Straße zog.

Als die Feuerwehr eintraf, brannte das Haus bereits lichterloh und setzte sich wie ein **Höhenfeuer** gegen den unaufhaltsamen Regen durch.

Wikipedia definiert ein Drabble als eine meist pointierte Geschichte, die aus exakt 100 Wörtern bestehen muss. Die Überschrift wird dabei nicht mitgezählt. Diese einfache Form wird oft von Autoren als Einstieg in Lyrik und Prosa genutzt.

Drabble: Bringt diese 3 Wörter in 100 Wörtern unter.

Flaschenpost, Trübsal, Sonnenblume

Vom Dunkel zum Licht

Die Seele lag schon lange im Schatten. Nichts konnte sie erfreuen. Hin und wieder kamen diese dunklen Wolken und legten sich als **Trübsal** über sie. Sie schaute auf das **Sonnenblumen**feld. Die hochgewachsenen Stile der Sonnenblumen tänzelten mit dem leichten Abendwind, die zarten Blütenköpfe strahlten in der Abendsonne wie glückliche Kindergesichter.

Nichts davon berührte die Seele. Ihr ausdrucksloser Blick hatte sich im Wasser festgekrallt, an der Stelle, wo der Bach eine Biegung machte. Was funkelte dort?

Sie zog eine braune Flasche aus dem glasklaren Wasser und betrachtete interessiert den Zettel im Inneren.

Eine **Flaschenpost** – etwa mit einer Botschaft für sie?

Double-Drabble: Bringt diese 4 Wörter in 200 Wörtern unter.

Flaschenpost, Trübsal, Sonnenblume, Schokokeks

Rituale

Die Veränderung kam leise, fast unmerklich. Die Abende wurden kühler und feuchter und der Herbst stand fühlbar vor der Tür. Das **Sonnenblume**nfeld hinter den Dünen lag in der goldenen Abendsonne und die großen reifen Blütenköpfe wiegten sich im zarten Abendwind.

Wie in jedem Jahr hatten sie sich getroffen, um dem Sommer Lebewohl zu sagen. Nun ging auch das Wochenende zu Ende und morgen würden alle wieder bei ihren Familien und in ihrem jeweiligen Leben sein. Ein Hauch von **Trübsal** lag auf ihren Gesichtern.

Lars warf noch ein paar Holzscheite in das prasselnde Lagerfeuer. Michi ging herum und schenkte Wein nach und Carola füllte die Holzschalen mit Erdnüssen und **Schokokeks**en nach.

Manuel schrieb die letzten Zeilen auf einen Zettel und schloss mit den Worten:

„Ein Lächeln kostet weniger als Strom und es gibt mehr Licht.“

Möge Dir das Finden dieser **Flaschenpost** ein Lächeln ins Gesicht zaubern.

Und dann verabschiedeten sie diesen Sommer mit den Liedern und dem Spiel der Gitarre, wie sie es seit ihrer gemeinsamen Studentenzeit immer wieder taten – ein jährliches Ritual.

Die grüne Flasche mit der **Flaschenpost** schaukelte auf den Wellen der Ostsee und wippte wie zum Takt der Lieder, die sie auf dem Weg ins offene Meer begleitete.

Triple-Drabble: Bringt diese 5 Wörter in 300 Wörtern unter.

Flaschenpost, Trübsal, Sonnenblume, Schokokeks, Pflaster

In einer anderen Welt ...

Als er mit seiner großen Tasche in den Biergarten kam und sich suchend nach einem Platz umsah, hatte er schon meine Aufmerksamkeit erregt. Dabei war nichts an ihm besonders oder gar außergewöhnlich.

Er war um die fünfzig, hatte etwas lichtes, dunkelblondes Haar und wache Augen. Er trug ein kariertes Hemd, kurzärmelig, Jeans und Turnschuhe.

Die junge Kellnerin lächelte ihn erwartungsvoll an.

„Ein alkoholfreies Clausthaler, einen Kaffee und ein Glas Wasser. Ich zahle bar!"

„Selbstverständlich", antwortete die Kellnerin und lächelte. Sie schien ihn zu kennen.

Mitten auf dem viereckigen Tisch stand ein Topf mit einer **Sonnenblume**, die ihn anzulächeln schien. Die Freundlichkeit, mit der er die Kellnerin begrüßt und bestellt hatte, war wie weggeblasen. Er starrte vor sich hin und ein Anflug von **Trübsal** legte sich über sein Gesicht.

Als er seinen Kaffee getrunken hatte, blickte er nach rechts und begann mit seinem Vortrag über den Streckenabschnitt von Lübben nach Rostock und wie er errechnet hatte, wie man die Höchstgeschwindigkeit des Zuges verändern konnte.

Seine Augen strahlten plötzlich und er wandte sich mit denselben Worten zu seiner linken Seite. Immer wieder begann er zu reden, mal nach rechts, mal nach links, laut und deutlich. Dann folgten lange Pausen, in denen er konzentriert auf die Antworten lauschte, mit dem Kopf zustimmend nickte oder den Kopf ablehnend schüttelte. Er musste sehr in der Vergangenheit verhaftet gewesen sein, denn sein Vortrag bezog sich auf die DDR.

Doch weder rechts noch links saß jemand.

Er bezahlte bar. Die Rechnung, die er mit ein paar Worten auf der Rückseite versah, schob er in die leere Bierflasche, goss das

Wasser aus dem Glas dazu und verklebte die Flaschenöffnung mit **Pflaster**. Er nahm seine **Flaschenpost** in seine rechte, die Tasche in die linke Hand, verbeugte sich nach rechts und links und ging. Sein **Schokokeks** blieb ganz allein zurück.

Einen Einstieg in die Lyrik lässt sich gut und unterhaltsam mit zwei Gedichtformen üben, den

ELFCHEN und LIMERICKS

Ein Elfchen besteht aus elf Wörtern und 5 Zeilen.

1. Zeile: Ein Wort (eine Farbe oder eine Eigenschaft)

2. Zeile: Zwei Wörter (ein Gegenstand oder eine Person mit Artikel)

3. Zeile: Drei Wörter (wo und wie ist der Gegenstand, was tut die Person?)

4. Zeile: Vier Wörter (etwas über sich selbst schreiben)

5. Zeile: Ein Wort (als Abschluss des Elfchens)

MIT ELFCHEN DURCH DAS JAHR

JANUAR

BITTERE KÄLTE

SCHNEE UND EIS

KINDER JUBELN VOR FREUDE

WINTER

FEBRUAR

BUNTER MASKENBALL

NARREN UND NÄRRINNEN

GUTE LAUNE, FLOTTER TANZ

KARNEVAL

MÄRZ

VÖGEL JUBILIEREN

ERSTE KNOSPEN SPRIESSEN

MUTTER ERDE REGT SICH

FRÜHLING

APRIL

INNERE ERNEUERUNG

SICH SELBST FINDEN

VORBEREITUNG AUF EIN FEST

OSTERN

MAI

LIEBE WÄCHST

ZEIT DER VERLIEBTEN

NATÜR IN VOLLER BLÜTE

WONNEMONAT

JUNI

KÜRZESTE NACHT

VÖGEL WERDEN LEISER

DIE ERDE IM BLÜTENSCHIMMER

SOMMERSONNENWENDE

JULI

GELBES GETREIDE

SOMMERTROCKENES ERDEN-BRAUN

HERBER DUFT VON STROH

HEUMONAT

AUGUST

GOLDENES LICHT

SONNE SCHENKT WÄRME

FRÜCHTE LOCKEN ZUM VERZEHR

DANKBARKEIT

SEPTEMBER

STERNENREICHER NACHTHIMMEL

HERBST NAHT UNAUFHALTSAM

DIE SEELE WIRD GESTREICHELT

HERBSTMOND

OKTOBER

FARBIGES LAUB

DIE WEINLESE BEGINNT

ZEIT DER GUTEN TROPFEN

ERNTE

NOVEMBER

BLÄTTER FALLEN

MONAT DER GEDENKTAGE

DIE NATÜR WIRD RUHIG

BESINNLICHKEIT

DEZEMBER

ADVENTLICHE FREUDE

ZEIT DER BESINNUNG

DAS LICHT WIRD GEBOREN

WEIHNACHTEN

Ein echter Limerick funktioniert nach folgendem Schema:

da DIE da da DIE da da DIE (a) (8 Silben, evtl. eine 9. unbetonte hinten dran)

da DIE da da DIE da da DIE (a) (8 Silben, evtl. eine 9. unbetonte hinten dran)

da DIE da da DIE (b)   (5 Silben)

da DIE da da DIE (b)   (5 Silben)

da DIE da da DIE da da DIE (a) (8 Silben, evtl. eine 9. unbetonte hinten dran)

In der 1. Zeile wird eine Person vorgestellt und es steht eigentlich IMMER eine Ortsangabe dabei, und die letzte Zeile sollte eine witzige Pointe sein.

LIMERICKS IM HERBST

Ein Kürbispaar im Kohlenpott

das wuchs und gedieh, richtig flott.

Sie wurden geklaut

der Dieb war nicht laut.

Nun sind sie in Glas, als Kompott.

Die Gänse schnattern auf dem Feld

weil laut und grell ein Hund dort bellt.

"Mach dich vom Acker

und das ganz wacker!"

Er hätt' sich gern dazu gesellt.

Frau Spinne saß längst auf der Lauer

und sah den Käfer auf der Mauer.

‚Du bist bald meiner,

du fetter Kleiner!'

Der Käfer floh, er war ein Schlauer.

Ein Pilz stand alleine im Wald,

er fror, denn die Nacht war schon kalt.

Er sorgte sich sehr

und schaute umher.

Nichts gab ihm den wärmenden Halt.

Bisher von Gaby Bessen erschienen:

Wenn das Jahr zu Ende geht

Die Tage werden kürzer, die Abende länger, und wenn Mutter Natur sich in ihren verdienten Winterschlaf begibt, ist das Ende des Jahres nicht mehr weit. Somit rückt auch das Weihnachtsfest näher, eine Zeit der Ruhe und Besinnung. Weihnachten–das Fest der Familie? Das Fest der Liebe? Das Gedenken der Geburt Christi oder nur ein Datum auf dem Kalender? Weihnachten ist in jedermanns Kopf, ein durchaus nicht wegzudenkendes kalendarisches Thema, dem sich niemand entziehen kann, doch Hektik, Ansprüche, Fluchtgedanken, Resignation und Kapitulation, inmitten von Lichtern, Glocken und Glitzer ist oft das, was die Menschen beschäftigt.

Weihnachten ist überall und in erster Linie in uns. Dieses Bewusstsein können wir leben und weitergeben!

ISBN 9783735777 621 Paperback, 136 Seiten, 9,90 €

Schillernd wie Seifenblasen

Seifenblasen erfreuen mit ihrer bunten Farbenpracht. Sie können auch platzen wie die Träume unseres Lebens. Ganz nah am Leben bewegen sich die Geschichten dieses Buches. Sie laden ein zum Träumen, Lachen und Nachdenken

iSBN-978-3837090406 Paperback, 120 Seiten, 9,90 €

Kirschmundgeflüster

Wie oft hängen wir an den Lippen anderer, die uns etwas erzählen und deren Worte uns in ihren Bann ziehen. Das Spiel mit Worten führt zu begeistertem Lachen und zu unbeschwerten Fangspielen. Der leichte Flug der zarten Silben führt aber auch zu tieferen Erkenntnissen und Einsichten. Lassen Sie sich von geflüsterten Gedanken und lauten Versen durch den ganz normalen Alltag tragen, der ebenso amüsant wie auch nachdenkliche Augenblicke bereithält.

ISBN-13: 978-3839130728   Paperback, 136 Seiten, 9,90 €

Ein prima Klima

Geschichten und Gedichte vom Klima des Herzens und vom Umgang mit- einander „Ein prima Klima" ist keine wissenschaftliche Lektüre zum viel diskutierten Klimawandel. Kurzgeschichten und Gedichte erzählen vom Klima des Herzens und vom Umgang miteinander Ein gutes zwischenmenschliches Klima wird den Klimawandel nicht aufhalten, jedoch unser persönliches Wohlfühlbarometer positiv ausschlagen lassen. Und gut gelaunt leisten wir lieber unseren Anteil zur Erhaltung eines „Prima Klimas". Probieren Sie es aus.

ISBN:9783839170267   Paperback 114 Seiten, 9,90 €

Ein Koffer voller Buchstaben

 „Ein Koffer voller Buchstaben" ist eine Sammlung von Geschichten und Gedichten, zu denen mich das tägliche Leben immer wieder inspiriert. Es sind nicht nur die großen Ereignisse der Weltgeschichte, die uns erfreuen oder betrüben, der ganz normale Alltag ins voll von Momenten, die unser Leben nachhaltig beeindrucken können.

ISBN: 9783848217748 Paperback, 92 Seiten, 8,90 €